幼小衔接
教育实践研究

以社会-情绪学习为中心

许 玭 著

上海交通大学出版社
SHANGHAI JIAO TONG UNIVERSITY PRESS

内容提要

本书是以儿童社会-情绪学习为中心的幼小衔接教育实践研究成果,基于儿童社会与情绪能力及其影响因素的研究结果,在生态化的理论视角下探索提升大班儿童入学准备的社会与情绪教育课程的设计与实施,从儿童、教师、家长三方面分别阐述社会与情绪教育课程理论、课程设计与课程实施。全书分为理论篇、实证篇和应用篇,特别在实践操作层面给予教师和家长以工具和能力的双向支撑。本书适合对该领域研究感兴趣的读者阅读。

图书在版编目(CIP)数据

幼小衔接教育实践研究 : 以社会-情绪学习为中心 /
许玭著. -- 上海 : 上海交通大学出版社, 2025. 4.
ISBN 978 -7-313-32428-3

Ⅰ. G612

中国国家版本馆 CIP 数据核字第 20259M6N39 号

幼小衔接教育实践研究——以社会-情绪学习为中心
YOUXIAO XIANJIE JIAOYU SHIJIAN YANJIU——YI SHEHUI - QINGXU XUEXI WEI ZHONGXIN

著　者：许　玭

出版发行：上海交通大学出版社　　　　　　　　地　　址：上海市番禺路 951 号
邮政编码：200030　　　　　　　　　　　　　　电　　话：021 - 64071208
印　　制：上海锦佳印刷有限公司　　　　　　　经　　销：全国新华书店
开　　本：787 mm×1092 mm　1/ 16　　　　　　印　　张：10.25
字　　数：235 千字
版　　次：2025 年 4 月第 1 版　　　　　　　　　印　　次：2025 年 4 月第 1 次印刷
书　　号：ISBN 978 - 7 - 313 - 32428 - 3
定　　价：88.00 元

序 一

党的二十大报告提出了"实施科教兴国战略,强化现代化建设人才支撑",这是在教育、科技、人才等方面发展的宏伟蓝图,要加快建设高质量教育体系,发展素质教育,促进教育公平。奋进逐浪向未来,作为承担立德树人根本任务的学前教育工作者,深入贯彻党的"建设高质量教育体系"的要求和教育部《关于大力推进幼儿园与小学科学衔接的指导意见》,推进幼儿园与小学进行科学有效的双向衔接,风好正是扬帆时!

"高质量教育体系"中的两个关键词分别是"高质量"和"教育体系",这两个词分别体现了我国教育建设的横向和纵向维度。"高质量"是向教育要过程,力求各学段自身建设的纵向高品质发展,"教育体系"是向教育要整体统筹,力求各学段之间发展的横向全面协同。高质量教育体系的建设必然是整体式、体系化中的变革与发展,这就要求每个学段之间需要有机衔接和相互支持。从幼儿园到小学阶段的有效衔接,是高质量教育体系建设过程中非常重要的一个环节,也是必要的组成部分。幼小衔接是儿童早期人生所经历的在学制体制上的第一个重大转折,这一环节的有效衔接,能够帮助儿童实现平稳过渡。

鉴于此,虹口学前教育研究团队多年来坚持牵手致力于幼小科学衔接实践研究的幼儿园,通过与广大园所的密切合作和共同研究,倡导并践行着幼小科学衔接教育。2025 年伊始,团队成员梳理了近年来在"幼小衔接"实践中形成的具有较高学术价值和应用价值的成果,撰写了《幼小衔接教育实践研究——以社会-情绪学习为中心》一书与读者共享,与同行共勉,以期能够进一步引领广大教师、家长共同关注和支持以社会-情绪学习为中心的幼小衔接教育,从而推进幼小科学衔接的研究和探索。

《幼小衔接教育实践研究——以社会-情绪学习为中心》一书聚焦了当前教育的研究热点:社会-情绪学习与幼小衔接教育。理论篇从幼小衔接的逻辑起点到社会-情绪学习对幼小衔接教育的启示及影响因素所进行的深入剖析,能使包括幼儿家长在内的所有成人意识到幼小衔接的必要性和重要性,从而切实保证幼儿园聚焦以社会-情绪学习为中心开展幼小衔接教育活动的可能性;实证篇对幼小衔接教育在幼儿园中的具体落实进行了透彻阐述,包

括幼小衔接教育活动的设计、教师及家长支持体系的建立,以及活动实施之成效评价等问题所做的详尽描述,为广大幼儿园教师和园所领导等提供了明确的指导方向,切实保证了幼小衔接活动开展的适宜性、针对性和有效性;应用篇生动呈现了广大一线实践者们的智慧与创生,是对聚焦社会-情绪学习为中心开展幼小衔接教育活动的核心理念之行动注脚、是对幼小衔接教育中确保幼儿主体地位之理念倡导,更为各托幼机构领导、各学前教育研究机构、各教育部门的实践研究和探索提供了宝贵的经验,使之明确幼小衔接教育研究和实践的落脚点和可能性。

我衷心地希望本书能够为读者提供切实有效的帮助,使科学、全面衔接这一指导要求落到实处,以儿童视角下的幼小衔接为突破点,探寻幼小衔接过程中儿童的真实困境与需求。

我也衷心地希望广大学前教育工作者、幼儿家长能够透过书中那一个个面向身心准备、生活准备、社会准备和学习准备的案例及资料,回归到儿童立场,共同关注童年的独特价值。

我真诚地祝福,每一个孩子都拥有顺畅的幼小衔接。这不仅是高质量教育体系建成的重要体现,亦是人生成长过程中一个自然而重要的阶段。

上海市虹口区教育局副局长　马振敏

2025 年元月

序 二

幼小衔接是孩子成长过程中至关重要的一步。随着孩子进入小学,他们开始承担更多责任,参与正式的学习活动,并接受社会的评价。这一阶段,孩子的人际关系、学习方式、行为规范、社会结构、社会期望以及学习环境都会发生显著变化。因此,幼小衔接不仅与学业内容相关,更与孩子的社会-情绪适应密切相关。

在这一过程中,孩子需要学会调节情绪、理解他人感受、与他人合作、展现同情心,快速融入群体生活,建立积极的人际关系。同时,面对学业或社会问题时,他们应以解决问题为导向,保持目标感,努力追求成功。因此,入学准备的核心在于培养孩子积极的自我意识,包括情绪自我觉知、自尊自信及勤奋感,帮助他们相信只要努力,就能取得成功。

自我调节和控制能力的培养同样重要,孩子需要能够根据需要调节兴奋水平和注意力,遵守规则,具备良好的目标意识和时间管理能力。此外,促进人际交往能力的发展,使孩子在合作中获得成长,体验通过努力获得成功的喜悦,亦是幼小衔接中不可或缺的内容。研究表明,幼儿园阶段良好的社会情绪能力能够有效预测孩子在小学阶段的学习投入、学习兴趣、情绪稳定性以及积极的人际关系。

本书深入探讨了提升大班幼儿社会情绪能力的活动模式和实施路径,并构建了支持幼小衔接和学习准备的监控与评价系统。根据社会生态系统理论,影响孩子幼小衔接的最直接因素是微观系统,包括他们所在的幼儿园班级、附近的小学及家庭。家庭在幼小衔接中同样扮演着重要角色。

书中构建了以幼儿社会-情绪适应为中心的活动项目,强调提升教师的社会-情绪能力和教育能力,形成了有效的教师支持系统。同时,书中提出了以支持孩子社会-情绪能力发展为中心的家园互动模式,探索了提高幼小衔接阶段儿童学习效能感和胜任感的活动方案。

通过这些理论与实践的结合,书中为教育工作者和家长提供了宝贵的指导,帮助他们更好地支持孩子的成长与发展。这不仅有助于孩子们顺利过渡到小学阶段,也为他们未来的学习和生活奠定了坚实的基础。

总之,本书为幼小衔接的研究和实践提供了深刻的见解,强调了社会情绪能力在孩子成长中的重要性。通过科学的理论支持和实践探索,书中的内容为教育者和家长提供了切实可行的策略,帮助孩子们在迈向小学的过程中,建立良好的社会情绪基础,顺利适应新环境,迎接未来的挑战。

上海师范大学学前教育学院教授、博士生导师　李燕

写于 2025 年 1 月 10 日

前　言

　　幼小衔接是儿童成长过程中一个自然而重要的阶段。实现幼儿园到小学阶段的平稳过渡,不仅是高质量教育体系建设的重要体现,也对儿童的成长具有重要意义。当前,我国大力推进幼小科学衔接工作,全人教育视域下越来越重视培养新时代社会发展所需的综合性人才,对儿童的社会责任感、自信心、积极的人际交流等能力的发展给予了越来越多的关注。近年来,随着社会、经济的不断发展和课程改革的深入推进,业内已经积累了大量实践经验,并达成如下共识:实施幼小衔接教育,应引导广大教师和家长树立科学的教育理念,尊重儿童发展规律和学习特点,关注儿童身心全面发展,切实做好入学准备工作,为儿童终身发展奠定良好素质基础。

　　随着近年来学前教育的不断发展,为儿童提供更优质的学前教育成为我国教育发展战略的必然需求。幼小衔接作为幼儿园常规的保育教育工作,其高品质的实施能够促进良好教育生态的形成,并帮助儿童做好科学的入学准备。本书是近年来,在协同育人视野下幼小衔接教育实践研究的成果转化,源自 2021 年虹口区教育科学研究项目重点课题《重构协商性家园互动模式——基于社会-情绪学习的幼小衔接发展共同体建设实践研究》(编号:A21048),课程成果获上海市第八届学校教育科研成果奖。本书基于儿童社会-情绪能力及其影响因素的研究结果,在生态系统理论视角下,探索提升儿童入学准备的社会-情绪学习课程之设计与实施。本书从儿童、教师、家长三方面分别阐述社会-情绪学习课程理论、课程设计、课程实施、课程评价等一体化要素,在实践操作层面给予教师和家长以工具和能力的双向支撑。

　　书中"小一步"之名有两层含义:一指幼小衔接教育乃是扩大童年半径范围,从幼儿园迈向小学这一社会化进程中的重要一步;二指幼小科学衔接不是翻山越岭,更不是跨越大沟深壑,而是家长、教师共同陪伴儿童走好每一小步,通过社会-情绪学习拥有让童年生活自然延伸和过渡的底气与能力。

一、回溯

　　通过文献检索,可追溯到幼小衔接的理论建构主要是基于生态系统理论和社会文化理论。两个理论各有侧重,从生态系统理论到社会文化理论这一研究理论视域的转变,也促进了幼小衔接研究在研究视角、研究内容和研究方法方面的转变。[①]

（一）关注教育生态系统建设的人类发展生态学理论

人类发展生态学理论认为儿童的发展是其所处的生态环境之间共同作用产生的结果,家庭及幼儿园是儿童个体成长过程中重要的微观系统,家庭和学校的关系则是重要的中观系统。该理论解释了如何通过加强微观系统的联系以实现最优发展。基于此,邓禄普(A. W. Dunlop)等人建构了幼小衔接生态学模式图(见图1),该理论强调在幼小衔接阶段不同层级的环境之间的相互作用,即不同系统中的要素之间向内和向外的流动。[②] 生态学系统理论认识到了幼小衔接过程中不同利益主体之间的交互作用,启示我们要注重各环节之间的联系和合作。

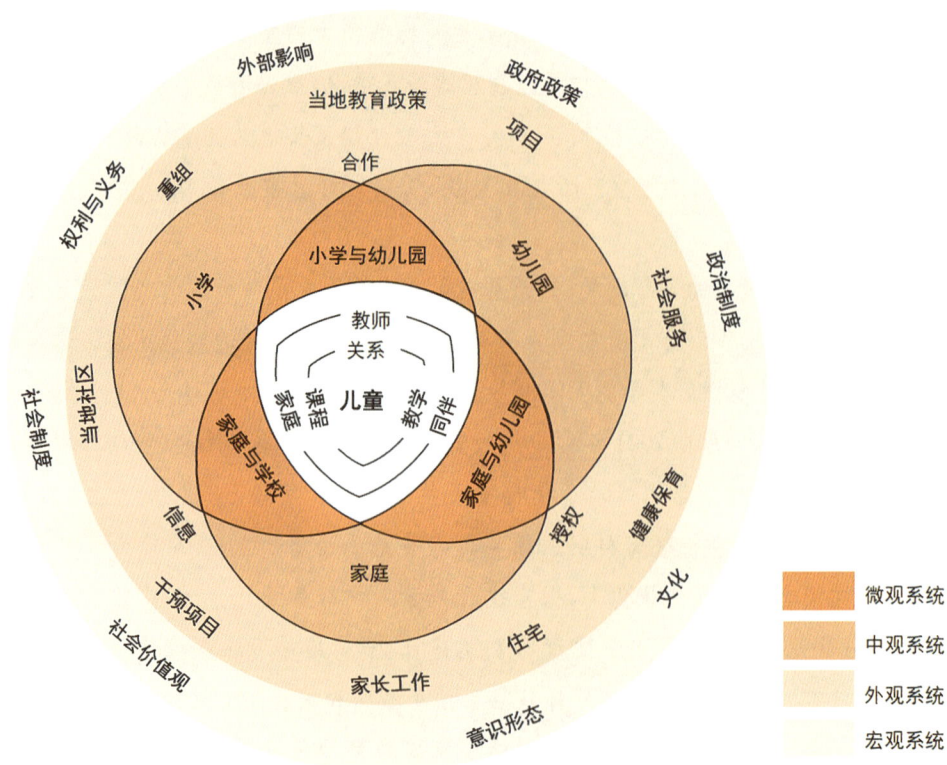

图1 幼小衔接生态学模式图

① 黄瑾,田方.论幼小衔接研究理论视域的转换:从生态系统理论到社会文化理论的研究展望[J].中国教育学刊,2022(4):7-12.

② DUNLOP A, FABIAN H. Conclusions: Debating transition, continuity and progression in the early years[M]// FABIAN H, DUNLOP A. Transitions in the early years: Debating continuity and progression for children in early education. London: Routledge Falmer, 2002: 146-154.

（二）强调儿童主观能动性作用的社会文化理论

社会文化理论的代表人物为维果斯基（L. Vygotsky），他认为人的高级心理机能是在与周围人和周围环境的互动中产生和发展的。社会文化理论认为儿童发展是其在社会文化活动中的参与性转变，儿童在衔接过程中既会受到外部环境的影响，同时其自身也是一个积极主动的参与者和行动者。在幼小衔接过程中，不能仅单向度思考和分析外部因素对儿童的影响。基于此，幼小衔接的研究视角必须转向整个系统的参与者，尤其是儿童，需要以儿童的参与和体验作为研究的起点。社会文化理论重构了幼小衔接研究在研究视角、研究内容和研究方法方面的转变，并为幼小衔接的具体研究工作提供了新的工作思路。具体而言，幼小衔接的研究视角从利益相关者的成人视角推向诠释主体感受的儿童视角；研究内容从重视儿童的入学准备到关注幼小衔接中的多主体参与；研究方法从关注儿童发展的跟踪测查扩展到基于社会文化的质性分析。①

以上对理论的回溯启发我们"幼儿发展"始终是幼小衔接的出发点和落脚点，是教育生态系统同心圆的圆心所在。传统幼小衔接中的"成人本位"思想，导致了儿童多以"旁观者"身份出现，没有发挥其主观能动作用，因而应当把"儿童研究"作为开展幼小衔接教育的基础性、前提性工作。

二、观点

幼儿园与小学之间的衔接，其本质是一种教育生态的重构。要想重构真正有机的教育生态，需要以关系建构为前提，以空间和课程为抓手，以儿童发展为终极目标，提升亲、师、幼的"胜任力"和"幸福感"。在新时代课程改革的背景下，对幼小衔接的过程有哪些具体需求？通过文献调查、问卷访谈等方式，我们对当前幼小衔接的现实需求进行了梳理与分析。

（一）真正基于儿童视角，提升儿童社会-情绪能力

基于儿童身心发展的角度探讨幼小衔接的内涵，其实质是儿童从一个平稳期（幼儿园）经过关键期（幼小衔接）到另一个平稳期（小学）的过程。② 儿童之所以会在衔接过程中面临许多问题，都是缘于在关键期内所遇到的冲突没有被有效化解。该观点打破了以往从成人视角俯瞰幼小衔接的误区，从儿童视角提出了幼小衔接的诉求。③

目前，许多基于儿童视角的研究，仅探讨大班幼儿心目中的小学，将"儿童视角下的幼小

---

①　黄瑾，田方. 论幼小衔接研究理论视域的转换：从生态系统理论到社会文化理论的研究展望[J]. 中国教育学刊，2022(4)：7-12.

②　马君谦. 复杂系统观下幼小衔接问题的本质探究：以一个澳大利亚华人孩子的游戏活动变化为例[J]. 学前教育研究，2019(7)：3-20.

③　程伟，董吉贺，刘源. 近十年我国"幼小衔接"研究的回顾与展望[J]. 教育探究，2021，16(6)：64-68.

衔接"简单异化为"儿童视角下的小学",①忽视了真正触及幼小双向衔接过程中的本质问题,没有发挥儿童主动参与幼小衔接建构的主观能动作用。②在幼小衔接过程中应当注重儿童的主体地位,让其参与整个衔接机制的建成中,发挥其自我效能感。提升学前儿童社会-情绪能力对做好学前儿童的幼小衔接尤为重要。

(二) 推进幼小"双向奔赴",增进多元利益主体合作

幼小衔接的核心问题是处理好儿童心理发展的连续性与阶段性问题。想要解决这一问题,需要唤醒多元利益主体的合作意识,建立幼小衔接合作共同体。其组织结构应当包括儿童、家长、幼儿园教师、小学教师、教育专家等。由家、校、社组成的多元利益主体通过协商进行稳定、持续、有深度、有效的交流沟通与合作互助是幼小衔接的实现路径。③幼小衔接共同体应当以目标为引领,问题为导向进行多方联动,建立互动关系,整体推进幼小衔接工作。其中"互动"是幼小衔接共同体的生存和延续条件,"关系"是互动建立的结果。

传统的幼小衔接存在过于强调幼儿园的"单向迎合"和"一头热"的现象,随着2021年《教育部关于大力推进幼儿园与小学科学衔接的指导意见》等纲领性文件的出台,强调多元利益主体合作,指出唯有"双轮驱动"才能将幼小衔接工作落到实处。相关研究也表明,虽然幼儿园和小学各自的固有教学观念与行为之间的巨大差异会加大两者合作的难度,但是两者之间的持续性真实合作有助于在实际上消除衔接过程中的"骤然"变化。幼儿园教师和小学教师之间通过联合教研、实践共同体以及专业学习工作坊等形式合作,能够使得不同语言、经历和声音交织在一起,创造"跨越边界"的机会。④

(三) 聚焦幼小衔接课程建设,让衔接教育回归儿童本位

传统幼小衔接中的"失位""越位""错位"等现象,造成了幼小衔接多元利益主体之间的观念冲突。从以"游戏"为主的学习环境过渡到结构化、系统化的教学环境,对儿童造成较大的冲击。⑤脱离具体课程环境谈幼小衔接也会模糊"真实的儿童世界";而通过聚焦幼小衔接课程的建设与实施能够使幼小衔接的教育成效直接作用于儿童发展,回归儿童本位。以"幼小衔接课程"建设为抓手,通过交流助推两个学段在更大范围和更深层面建立起有内在关联和前后承续的关系,能够更好地实现跨学段的一体化设计。⑥

(四) 完善幼小衔接保障机制,实现长效持续发展

目前,幼小衔接多是自下而上的自发性行为,幼小衔接共同体的建立也是利益相关者的

① EINARSDOTTIR J. Icelandic children's early education transition experiences[J]. Early education & development, 2011, 22(5): 737-756.
② 李敏谊,刘颖,崔淑婧. 国外近10年幼小衔接理论研究综述[J]. 比较教育研究,2010(5):86-90.
③ 赖楚伊,周燕. 助力幼小衔接:团体动力学视域下幼小教师教育共同体的构建[J]. 教育观察,2020(20):3-6.
④ 宋烁琪,刘丽伟. "儿童的视角"下幼儿与小学生的衔接困境和需求分析[J]. 学前教育研究,2022(5):11-27.
⑤ 刘丽伟,李敏谊. 在家努力还是参与学校:家长参与幼小衔接情况调查[J]. 学前教育研究,2015(6):31-39.
⑥ 李召存,李琳. 迈向高质量教育时代的幼小衔接[J]. 学前教育研究,2022(5):1-10.

主动选择。随着相关推动者的变动或幼小衔接研究项目的开展,区域推进幼小衔接研究项目应及时总结提炼出具有可复制性的衔接经验,并通过外在行政力量的支持,强化衔接意识、落实衔接责任,以保障幼小衔接机制的建立、健全和可持续性发展,真正实现幼小衔接从"一次性事件或一个过程"到"延续性实践"的改变。

三、行动

幼儿园是幼小衔接生态系统中的一个重要"支点"。幼儿园课程是实现幼儿园教育目的的手段,是帮助儿童获得有益的学习经验、促进其身心全面和谐发展的各种活动的总和。幼小衔接需要与幼儿园课程交融推进,与课程系统中各个要素之间形成有机联系、相互渗透,相互结合成为整体的幼小衔接教育。那么以社会-情绪学习为中心的幼小衔接教育,幼儿园可以如何实践呢?

(一) 复归幼小衔接中儿童作为积极行动者的地位

儿童入学准备教育要以促进幼儿身心全面和谐发展为目标,注重身心准备、生活准备、社会准备和学习准备的有机融合和渗透,充分理解和尊重儿童学习方式和特点,把入学准备教育目标和内容要求融入幼儿园游戏活动和一日生活,支持儿童通过直接感知、实际操作和亲身体验等方式积累经验,逐步做好身心各方面的准备。

在实践中,我们以"入学准备七件事"为抓手,为儿童提供在园期间优质的学习与发展机会,防止和纠正将小学的教学环境、教育内容和教育方式简单化地搬到幼儿园的错误做法。以复归幼小衔接中儿童作为积极行动者的地位为初心,灵活使用"入学准备能量瓶""居家指导小锦囊"等支持性工具。基于儿童自评及日常观察的证据,实践由亲、师、幼三方协商制定幼小衔接期大班幼儿发展目标,鼓励幼儿园教师富有创造性地班本化使用幼小衔接能量瓶中涉及的社会-情绪核心能力。

儿童入学准备教育贯穿三年,幼儿园坚持以游戏为基本活动,有目的、有计划地实施一日生活的渗透教育和大班下学期的针对性主题活动,循序渐进,各有侧重。从小班起就着重培养幼儿健康的体魄、积极的态度和良好的习惯等身心基本素质;对进入大班的幼儿围绕社会交往、自我调控、规则意识、专注坚持等进入小学所需的关键能力,开展有针对性的入学准备教育。

(二) 借助幼小衔接课程领导力促进教师的内生性成长

全面的专业知识是教师开展幼小衔接工作的重要保障,教师需要了解不同年龄段儿童的发展特点和指导策略,通过专业的判断能够给予不同儿童有针对性的教育支持。通过与多元主体的联合教研及培训不断提高幼儿园教师的专业素养,形成对幼小衔接的科学认识。

在实践中,"云端咖啡馆"系列网络教研活动通过与多元主体的联合教研及培训,提高了

幼儿园教师的专业素养,形成了对幼小衔接的科学认识。经统计累计参与活动的有2500人次,实践中的宝贵智慧和经验,值得记录、保存和分享。于是我们将会议记录、活动视频及公众号内容变成二维码链接,对"云端咖啡馆"的实践智慧进行保留。

教师是情绪劳动者,向内需要思考与自我的关系,这对教育者来说尤为重要。教师内生性的成长将助推幼小衔接研究从"为了幼儿发展"走向"基于幼儿发展",实现幼儿主动学习与教师引导支持的统一;从成人视角走向幼儿视角,实现儿童发展行为分析与教师内生性专业成长的统一;从"一般的、统一的幼儿"走向"具体的、个性化的幼儿",实现整体性与差异性的统一。

(三)基于儿童发展优先的共识达成协同育人合力

过去在幼小衔接阶段开展"去小学化"宣讲工作时,园方多是以任务、要求为导向的单项输出,家长则被动执行,两者之间缺乏在工具和能力层面的双向支持与长效沟通机制。新时代背景下,以培养健全人格的幼小衔接教育理应受到重视,尊重儿童权利、倡导儿童优先的社会共识亟须培育。学校和家庭是幼儿接触最多的生态系统,有效的家园互动在幼儿的教育中起着至关重要的作用。

在实践中,我们根据大班儿童成长背景和发展需求,面向一线幼儿园教师征集了幼小衔接家园共育的智慧,从儿童身心、生活、社会、学习四个方面的入学准备为大班儿童家长支招。通过线上线下相结合的方式,共征集到315名教师的4000多条实践智慧。收集到以上信息后,组织了"智慧教师"携手"妈妈脑库",对标教育部《幼儿园入学准备教育指导要点》及《上海市幼儿园办园质量评价指南》,从家长视角进行对话、梳理和选择,最终提炼了精华版的"幼儿园入学准备居家指导'小锦囊'"进行分享。

协商性家园互动模式,有利于激发家长在家园合作过程中的积极性,发挥其潜在价值,盘活资源,促进教师与家长的双向联动。教师和家长各自发挥各自的作用,共同推进幼儿发展。教师既不是协商中的"独裁者",也不是"甩手掌柜"。有效的家园共育源于了解,源于支持,在平等互信的基础上,留心观察评估每个幼儿的发展,与家长相互沟通,最终实现协同育人的目的。

四、展望

幼小衔接表面上是幼儿园和小学两种教育机构之间的衔接,实质上是这两个教育机构与儿童发展之间的衔接。[①] 幼小衔接阶段是儿童学习和发展的关键时期,也是涉及家庭、幼儿园、小学、社会等多方利益主体共同参与的复杂性活动。各利益主体间的协同合作,有助

① 刘晓东.中国小学教育亟待战略转型:兼论"幼小衔接"应向"小幼衔接"翻转[J].湖南师范大学教育科学学报,2019,18(3):1-7.

于共筑贯通顺畅的教育生态,并帮助幼儿进行平稳的幼小衔接过渡。在幼小衔接阶段,通过社会-情绪学习提升学前儿童的入学准备,通过协商性家园互动模式改善亲、师、幼三方关系,促进学龄前儿童的身心健康成长和全面发展,是符合教育规律、适应教育内涵发展、体现时代特征、全面推进素质教育的必然选择。

感谢在本书出版过程中所有帮助过我的老师和孩子们!在此邀请对幼小衔接教育感兴趣的您,打开"小一步",一起为孩子即将迈入的小学生活"蓄能",让我们通过社会-情绪学习积蓄成长的信心,陪伴孩子走好入学准备的每一天、每一步!

许　玭

写于 2025 年元月

目　录

理 论 篇

实 证 篇

应 用 篇

理论篇

第 一 章

"小一步"幼小衔接教育的逻辑起点

幼小衔接是儿童成长过程中一个自然而重要的阶段,顺利实现从幼儿园到小学的平稳过渡,对儿童成长具有重要意义。近年来,教育部相继出台相关文件,引领了科学幼小衔接的基本方向。"小一步"的逻辑起点,即以儿童视角下的幼小衔接为突破点,探寻幼小衔接过程中儿童的真实困境与需求。

第一节　幼儿园教育与幼小衔接

幼小衔接教育是幼儿园教育的重要功能之一,三年的幼儿园教育一直在为孩子的入学做准备。在幼儿园里,儿童接受全面发展的教育,在情感、能力、态度等各个方面做着准备。

一、政策导航,幼小衔接迈向科学化

近年来,幼小衔接已成为我国基础教育领域的热点和难点问题。2011 年,针对日益突出的"幼儿园教育小学化"现象,教育部发布了《教育部关于规范幼儿园保育教育工作防止和纠正"小学化"现象的通知》,该通知旨在规范幼儿园办园行为,保障幼儿健康快乐成长。2018 年,教育部办公厅发布了《教育部办公厅关于开展幼儿园"小学化"专项治理工作的通知》,该通知进一步促进幼儿园树立科学保教观念,落实以游戏为基本活动,坚决纠正"小学化"倾向。

为深入贯彻党的十九届五中全会"建设高质量教育体系"的要求,2021 年 3 月,教育部发布了《教育部关于大力推进幼儿园与小学科学衔接的指导意见》[①],这是中华人民共和国成立以来国家层面出台的第一份关于幼小衔接的专门性文件。该文件从政策层面上为幼小衔接的进一步发展指明了方向,并从身心准备、生活准备、社会准备和学习准备四个方面对两个

---

① 中华人民共和国教育部.教育部关于大力推进幼儿园与小学科学衔接的指导意见[EB/OL].(2021 - 12 - 19)[2021 - 3 - 31].http://www.moe.gov.cn/srcsite/A06/s3327/202104/t20210408_525137.html.

学段的教育提出具体要求和建议,旨在推进幼儿园与小学进行科学有效的双向衔接。2022年10月,上海市教育委员会根据《教育部关于大力推进幼儿园与小学科学衔接的指导意见》《义务教育课程方案(2022年版)》和本市已有工作基础,制定了《上海市教育委员会关于深入推进本市幼小科学衔接工作的实施意见(试行)》,该意见明确了上海市幼小衔接工作的总体要求、主要举措和组织途径。

顺畅的幼小衔接是高质量教育体系建成的重要体现,随着幼小衔接政策的不断完善,我国幼小衔接迈向了更加科学的行动路径。

二、现实痛点,幼小衔接亟待破局

幼小衔接工作在政策的指引下,不断走向科学化。各幼儿园积极响应,不断推进幼小衔接的实践研究。但就目前而言,幼小衔接过程中仍然存在以下认知误区与实践难点。

1. 单向奔赴,幼小衔接一头热

传统的幼小衔接过于强调幼儿园的"单向迎合",与小学缺乏合作,出现了一头热的现象。幼小衔接应当双向奔赴,既包括幼儿园的"入学准备",也包括小学的"入学适应",二者同样重要,缺一不可。

相关研究表明,虽然幼儿园和小学各自的固有观念与行为之间的巨大差异会造成两者难以合作,但是二者之间的持续性合作有助于消除衔接过程中的"骤然"变化,使得不同语言、经历和声音交织在一起,创造"跨越边界"的机会,"双轮驱动"才能将幼小衔接工作落到实处。[①]

2. 家长焦虑,幼小衔接难推进

教育焦虑是社会焦虑在教育过程中的体现,家长们一方面希望孩子身心健康,有个幸福的童年;另一方面也唯恐孩子输在小学的起跑线上。[②] 因此,许多家长违背幼儿的成长规律,一味地提前灌输小学知识点。以往在幼小衔接阶段开展"去小学化"宣讲工作时,园方多是以任务、要求为导向的单项输出,家长则被动执行,二者之间缺乏长效的沟通机制。

学校和家庭是幼儿接触最多的生态系统,教育学家陈鹤琴先生说过:"幼稚教育是一件很复杂的事情,不是家庭一方面可以单独胜任的,也不是幼稚园一方面能单独胜任的,必定要两方面共同合作方能得到充分的功效。"在幼小衔接过程中,学校一定要重视与家长的协商合作。

3. 形式主义,幼小衔接无实效

幼小衔接是一项需要实实在在加以落实的工作,切忌形式主义和表面文章。以往幼儿园的幼小衔接多是以参观小学等外显活动为主,而忽视了儿童在能力、情感和态度等深层次内涵上的渐进式发展。在幼小衔接过程中,也常常出现以科研代替教研、以开会代替思想转变、以外在环境改变代替衔接活动、以口头衔接代替行动衔接等倾向。

---

① 宋烁琪,刘丽伟."儿童的视角"下幼儿与小学生的衔接困境和需求分析[J].学前教育研究,2022(5):11-27.
② 钱洁,缪建东.破解家长教育焦虑的可能路径:构建促进学生全面发展的教育评价体系[J].中国教育学刊,2021(9):38-43.

三、视角转换,坚持幼儿发展优先

"幼儿发展"始终是幼小衔接的出发点和落脚点,是教育生态系统中同心圆的圆心。[1] 幼小衔接中的"成人本位"思想,导致儿童多以"旁观者"身份出现,没有发挥其主观能动作用。目前,许多基于儿童视角的研究,仅探讨了大班幼儿心目中的小学,将"儿童视角下的幼小衔接教育"简单异化为"儿童视角下的小学教育"[2],忽视了真正触及幼小双向衔接过程中的本质问题。

幼小衔接表面上是幼儿园和小学两种教育机构之间的衔接,实质上是这两个教育机构与儿童发展之间的衔接。[3] 幼小衔接阶段是儿童学习和发展的关键时期,也是家庭、幼儿园、小学、社会等多方利益主体共同参与的复杂性活动。儿童在衔接过程中既会受到外部环境的影响,同时其自身也是一个积极主动的参与者和行动者。在幼小衔接过程中,不能仅单向度地思考和分析外部因素对儿童的影响,更应当注重儿童的主体地位,让其参与整个衔接机制的建成中,发挥其自我效能感。基于此,幼小衔接必须将研究视角转向儿童,以儿童的参与和体验作为研究的起点。[4]

第二节　社会-情绪能力与入学准备

入学准备是儿童顺利从幼儿园过渡到小学的保证。根据《幼儿园入学准备教育指导要点》(教育部 2021 年 3 月发布)提出的"入学准备"概念,学前儿童入学准备由 4 个领域(身心准备、生活准备、社会准备、学习准备)组成,其中的"身心准备"和"社会准备"领域越来越引起研究者的关注。

一、社会-情绪学习的概念界定

情绪是神经系统基于刺激产生的一种反应,主要包括喜、怒、哀、乐等基本情绪。[5] 随着婴儿年龄的增长,会从基本的生理情绪过渡为社会-情绪。[6] 社会-情绪是人类在社会交往中产生的情绪,社会-情绪学习(Social and Emotional Learning,SEL,亦有学者译为"社会情感

① FRIDANI L. Mothers' perspectives and engagements in supporting children's readiness and transition to primary school in Indonesia[J]. Education 3-13, 2021, 49(7): 809-820.

② STEIN K, VEISSON M, ÕUN T, et al. Estonian preschool teachers' views on supporting children's school readiness[J]. Education 3-13, 2019, 47(8): 920-932.

③ 刘晓东.中国小学教育亟待战略转型:兼论"幼小衔接"应向"小幼衔接"翻转[J].湖南师范大学教育科学学报,2019,18(3):1-7.

④ 黄瑾,田方.论幼小衔接研究理论视域的转换:从生态系统理论到社会文化理论的研究展望[J].中国教育学刊,2022(4):7-12.

⑤ DAMASIO A R. The feeling of what happens: Body and emotion in the making of consciousness[M]. New York: Harcourt Brace, 1999: 203-204.

⑥ 龚建梅,张沛钧,苏雪云,等.0—6 岁儿童社会情绪问题与早期干预[J].现代特殊教育,2023(11):17-21.

学习")是一个过程,个体通过这个过程学习认识及控制自己的情绪、开展对别人的关心及照顾、做出负责任的决定、建立并维持良好的人际关系、有效地处理各种问题。[①] 社会-情绪学习点明了社会-情绪是可以通过"学习"习得的,社会-情绪能力的培养可以在学校教学中有目的、有计划地进行。[②]

社会-情绪不仅能够调节社会行为,还会对个体以及个体所处的社会群体产生广泛的影响。不同国家对社会-情绪学习的核心内容有不同的理解。美国学术、社会和情感学习协作组织(Collaborative for Academic, Social, and Emotional Learning, CASEL)认为,社会-情绪学习的核心内容包括自我意识、自我管理、社会认知、人际交往技能和负责任的决策。与此相似,英国教育与技能部(Department for Education and Skills)认为社会-情绪学习包括:自我意识、管理情绪、动机、移情和社会技能五大领域。而澳大利亚更强调儿童成长的社会生态环境的重要性,他们提出,社会与情绪健康标准包括 7 个相关联的维度:社会与情绪总体健康、心理弹性、积极的社会取向、积极的工作取向、积极的学校指标、积极的家庭指标和积极的社区指标。

在本书中,社会-情绪学习是指学前儿童学习并运用认知、情感和行为去理解和管理情绪、设立并达到积极的目标,感受并表达对他人的同理心,建立和维持积极的人际关系以及做出负责任的决定的过程。

二、社会-情绪能力的内涵框架

社会-情绪学习可以提高儿童识别和管理自己情绪的能力、建立积极的人际关系和解决人际问题的能力,也能帮助儿童有效管理生活、提高素养素质。虽然不同国家对社会-情绪学习框架的界定有所不同,但都涉及儿童个体层面的社会-情绪健康指标以及儿童成长环境层面的社会-情绪健康指标。在社会-情绪学习过程中儿童需要掌握自我意识、自我管理、社会认知、人际交往技能、负责任的决策五种核心能力。

自我意识是正确识别、理解自己情绪的能力,包括准确地评估自己的感受、兴趣、价值和长处,形成自尊、自信和自我效能感。在幼儿阶段逐渐发展起来的对自己能力、情绪状态的理解和评价,以及在此基础上形成的自尊和自我效能感,是儿童入学后及整个学龄阶段影响他们学业适应的重要因素之一。

自我管理是有效管理自己情绪和行为的能力,包括处理焦虑、控制冲动,管理压力、制定目标并自我激励、自信与自我坚持等能力。自我管理能力的发展使儿童能够使用一些技能(如提高学习记忆、集中注意力、努力控制、坚持自己的主张、拒绝不合理要求和抵制同伴压力等)来调整自己的社会认知和学业行为。因此,自我管理能力是幼儿入学准备的重要内容之一。

社会认知包括理解他人情绪及观点的角色采择能力和移情能力,以及欣赏他人与自

---

① CASEL. What is SEL:SEL impact [EB/OL]. (2020 - 12) [2023 - 05 - 30]. https://casel. org/wp-content/uploads/2020/12/CASEL-SEL-Framework-11.2020.pdf.

② 陈权.社会-情绪学习及其实施策略:基于美国中学课堂的教学与实践[J].比较教育研究,2015,37(2):91 - 95.

己的相似之处和不同之处的尊重多元化、多样化的能力。理解他人情绪的能力在幼儿理解他人的观点和行为、尊重文化多样性、维持积极的人际互动和合作等亲社会行为中发挥着重要作用。研究表明,幼儿对他人情绪的理解能力对创设良好的教室心理环境有重要的意义。

人际交往技能是能够积极有效地与他人交流、形成与他人持久关系的能力。学前儿童的人际交往技能包括与同伴交往时提出积极的建议、积极合作、倾听对方、轮流玩耍、寻求帮助等能力。人际交往能力使儿童在面临社会问题和人际冲突情境时,能通过谈判与协商等积极的方式解决问题,或获取资源以满足自己的需要。因此人际交往技能也是幼小衔接的主要内容,是影响幼儿未来的学校适应性的重要因子。

负责任的决策指个体能够在全面考虑社会规范、道德准则、不有损他人尊严并预测可能出现的后果的前提下做出决策的能力。对幼儿而言,负责任的决策是指儿童在遇到问题时,能够自己思考解决问题的办法。这主要包括:识别问题情境并澄清面对的问题,理解自己并考虑他人的感受,思考不同的解决问题办法和预估不同方法将得到的结果。此外,幼儿还要学习在做决策时,考虑和维护个体、班级、学校和社区的利益,并做出符合班级规则及伦理道德的决定。

三、社会-情绪能力与入学准备的关系

许多研究已证实,学前儿童社会-情绪能力各领域的发展是相互作用、相互影响的。自我认知和社会认知是自我管理、人际交往和解决问题的基础。识别自己和他人的情绪可以帮助学前儿童选择积极的情绪调节策略,从而表现出更积极的社会互动,做出符合社会预期的行为。负责任的决策能力与其他社会-情绪能力之间又相互影响:只有学前儿童理解了当前交往情境中的问题、当事人的情绪状态,以及这些因素带来的后果,他们才可能做出负责任的决策并解决问题。自我管理能力中的服从班级规则、控制自己的外化行为等也与负责任的决策紧密相连。学前儿童社会-情绪能力核心领域彼此作用、影响,对幼小衔接教育至关重要。

1. 自我意识与入学准备

研究表明,幼儿的自我意识或者感知到的自我成就可能会为将来的入学准备奠定基础。幼儿感知到的自我成就为他们提供了在课堂中通过多次尝试挑战学业问题的信心。在学校早期,幼儿会对他们是否能够完成学校布置的任务有自己的认知。对自己学业能力的感知使他们既了解了事实,也增加了进一步学习的动力。

2. 自我管理与入学准备

幼儿管理自己情绪、注意力以及行为的能力关乎学业适应以及入学准备。在自我调控方面,教师的报告表明幼儿的自我调控对入学准备是十分重要的;在情绪调控方面,当需要应对消极情绪时,那些善于自我管理的幼儿可能会持续积极地完成课堂学习任务;在注意力调节方面,学前儿童的情绪调控能力强预示学业的成功,甚至年龄、语言能力和早期注意力调节也存在关联性;在行为调控方面,行为调控能力的增强预示着在学校时的学业成功。

3. 社会认知与入学准备

已有研究均揭示了学前儿童的理解情绪能力对他们日后的学业成绩有重要的作用。如,儿童的情绪知识与其学业成就呈正相关,来自低收入家庭的学前儿童情绪知识与课堂适应及成就之间呈正相关;扎德等人还发现,幼儿 5 岁时的情绪知识可预测他们 9 岁时的社会成就和入学准备。

4. 人际交往技能与入学准备

教师评定的早期开端计划中,学前幼儿的亲社会行为也包括情绪理解和问题解决。这种亲社会能力和学业成就呈正相关。亲社会能力差和入学准备呈负相关,那些攻击性行为多、亲社会行为少的幼儿在学校适应中存在困难,如不能遵守规则、对学习缺乏热情。

5. 负责任的决策与入学准备

早期开端计划的研究结果显示,幼儿的胜任力和不适当的行为选择与幼儿当前的情绪知识以及学期末的词汇和语言有关。幼儿回应假设的同伴困境时选择的感觉和行动与其在园、在校适应有关。那些在面对同伴挑衅时仍能采用亲社会的办法解决问题的幼儿被证明在学业上是成功的。

综上所述,儿童社会-情绪问题是学前儿童常见问题中最普遍和重要的问题,对其解决能力的高低是衡量儿童个体认知适应性发展的良好指标。儿童社会-情绪能力直接决定了他们未来的家庭、学业和生活,其在支持学前儿童发展和入学准备方面的重要性越来越受到认同。

第二章

社会-情绪学习的存在意义

社会-情绪学习是发展性、情境性的，它可以通过后天习得。儿童的社会-情绪能力具有较大的波动性和可塑性，随着年龄的增长，社会-情绪能力逐渐趋于稳定，可塑性也会减弱。

第一节　社会-情绪学习与儿童全面发展

社会-情绪能力对儿童的学校生活和未来生活至关重要。短期而言，社会-情绪能力的发展在儿童期能显著提高学业能力、增加亲社会性，减少问题行为，促进积极的伙伴关系的形成。长期而言，社会-情绪能力的发展能够预测成人期的学习、就业和心理健康情况。

一、自我意识与儿童适应

自我意识能力的发展依赖于大脑额叶的成熟。自我意识在社会互动中形成并发展，是个体和周围环境相互作用的结果。幼儿的自我意识与其同伴关系、学业适应、社会适应相互影响，相互促进。

自我效能感(例如，儿童对自己是否善于数字、计数、字母、词汇的认知)与自我意识能力密切相关。两者对儿童的学业适应有重要影响。研究者发现，儿童感知到的学业胜任力与他们日后在阅读和数学领域的表现呈显著正相关。学业胜任感高的幼儿更有可能去寻求进一步提升技能的机会，增强学业适应能力，因而更可能取得较好的学业成绩，而较好的学业成绩又增强了他们的学业自我效能感。

同伴互动中，儿童的自我意识能力也在与同伴相互影响和社会比较中不断发展。它为儿童未来的学业成就奠定基础，而儿童感知到的成就又使他们更有信心迎接挑战。不断获得的学业成就感和同伴的支持进一步强化了儿童积极的自我意识。

二、自我管理与儿童适应

儿童的自我管理能力具体表现在调节自己的情绪、注意力以及行为的能力。它会影响

儿童的社会适应、学业适应以及社会行为。

　　情绪调节是指监控、评估和调整情绪反应以达到预期目标的一系列外部和内部的过程。情绪调节能力弱的儿童不善于控制自己的消极情绪,他们更可能用非建设性的策略宣泄自己的情绪(如攻击、发泄、回避),进而阻碍其与同伴的交流,表现出更多的问题行为,也因此得到来自教师的更低的社会能力评价。儿童的情绪调节能力(如注意控制)越强,其同伴接纳程度就越高,面对引发消极情绪的同伴冲突情境时就越可能用建设性的情绪调节策略,也越会受到同伴的接纳。情绪调节还能预测孩子日后的课堂适应,例如学业进步、课堂中的合作与参与、发起交往、喜欢学校等。研究者通过观察学前儿童在课堂中的情绪调节,发现幼儿消极的情绪表达与教师评定的儿童的坚持性以及学习态度呈负相关,而情绪调节不良与教师评价的学习动机呈负相关。

　　认知的自我管理,主要成分是注意力调节。注意力调节包括保持注意的能力及在必要时转移注意的能力。注意力调节和儿童的学业成就相关。大量的研究表明,注意力调节能够有效预测儿童的入学准备水平。有注意力调节困难的儿童可能会有不好的学业表现和问题行为。注意力调节能力强的儿童能将注意集中在一件事情上,并且有较好的坚持性,在课堂学习中能够获得更多的学习材料和资源,在遇到挑战和困难时也不会轻易放弃。儿童入学时的注意力调节能力能够预测其日后的数学和阅读成绩。学前儿童的注意力调节能力还与儿童日后的外向型问题行为有关。

　　行为的自我管理,主要指儿童执行复杂指令、完成任务、提出问题、寻求帮助等能力。这些能力与儿童入学适应有关。在进入学校后,儿童被要求在很多方面调控自己的行为,诸如内化和遵从规则、听从指导、按要求回答问题、轮流等候等。如果儿童的自我调控能力较差,对学校的要求不能很好地执行,也会影响学业成就。

三、人际交往技能与儿童适应

　　学前儿童的人际交往技能是在与父母、老师、同伴的交往中能力的总和,包括感受、适应、协调和处理社会关系等。交往主动性、亲社会行为等都是人际交往能力的表现。人际交往技能高的儿童不仅能够较多地主动发起同伴交往、对同伴的交往行为做出积极的回应、帮助他人,还更倾向于采取灵活、恰当的策略建设性地解决与同伴的冲突,维持良好的同伴关系和师幼关系。研究表明,受到同伴友好对待和支持的儿童,更倾向于和同伴进行积极的社会互动。他们能依据同伴的反馈建立积极的社会认知框架和参照体系,进而获得更为积极的自我意识。而遭受同伴消极对待(如攻击、忽视、拒绝)的儿童与一般儿童比较,总体自我意识水平更低,对自己社交能力和同伴接纳的感知也更消极。这些儿童往往也会对同伴持有消极的信念和期望,并根据这些消极的信念做出认知的、行为的和情绪上的反应,进而造成情绪问题或行为困难,从而进一步加剧了消极的自我意识。由此可见,良好的同伴关系能为儿童的在园适应提供积极的心理环境。

　　因此,社会技能高的儿童会以恰当的方式与同伴、老师进行互动,更多地获得他们对自己学业的支持。他们更可能以恰当的方式请教老师问题、积极回答问题、对老师微笑等,这些积极的互动方式使他们能够得到老师更多的积极关注和支持,获得更多的学业成功机会。[1]

四、社会认知与儿童适应

社会认知是指人对社会性客体及其之间的关系,如对人与人的关系(他人和自我)、个人与群体的关系、社会角色、社会规范和社会生活事件的认知,以及对这种认知与人的社会行为之间关系的理解和推断。学前儿童的社会认知能力主要表现在观点采择和移情能力、心理理论等方面。

观点采择能力是幼儿推断别人心理活动,设身处地理解他人思想、愿望、情感等的能力。观点采择能力的发展使儿童能站在他人的角度看问题。移情能力是幼儿在正确辨别他人情绪情感的基础上产生与他人情绪状态类似的情绪反应的能力。儿童的移情能力与同伴交往能力及社会适应(如较高水平的同伴接纳)高度相关。那些移情能力差、对他人的行为消极回应、较少考虑到他人的感受、容易表现出攻击行为的儿童,更容易被同伴拒绝。那些儿童在学校处于一种不良的环境中,影响他们的学校适应和学业成就。

心理理论是指个体对他人心理状态、行为,以及行为与心理状态关系的推理或认知。心理理论发展好的幼儿,能够更加准确地理解他人的情绪情感、意图、想法和行为动机等内在心理状态,在与同伴交往过程中也能更恰当地表达自己的意愿,做出更容易被同伴接受和认可的行为,并更好地满足他人的心理需求,因此更受同伴接受和喜欢。

社会认知能力会影响儿童对他人的看法、态度和回应,进而影响他们的社会行为和社会适应,而不同的社会适应状况也影响了儿童的同伴关系和学校心理环境,进而又影响了他们社会认知能力的发展。

五、负责任的决策与儿童适应

负责任的决策是儿童问题解决能力的体现,该能力在幼儿园主要表现为做选择的能力和应对同伴冲突并解决问题的能力。学前儿童解决人际问题的能力与他们当前及日后的学校适应和学业成就有关,那些在面对同伴挑衅时仍能采用积极策略解决问题的幼儿更能在日后学业上获得更大的成功。采用积极策略解决问题的儿童能充分地考虑自己和他人的处境和需要,在解决冲突时能做到兼顾双方利益,试图寻求双方都满意的解决方式,这些儿童也更多地选择言语沟通和解释的策略,因此他们更受同伴欢迎。

第二节　社会-情绪学习与教师专业提升

社会-情绪学习近年来备受关注,对学生及教师双方均产生影响。教师方面,研究结果显示,教师实践社会-情绪学习的过程有助于降低职业倦怠感的发生;教师对社会-情绪学习

---

[1]　CARTLEDGE G, MILBURN J A F, CARTLEDGE G. Teaching social skills to children and youth: Innovative approaches[M]. New York: Pergamon Press, 1980: 621 - 627.

的信念有助其提升对专业的投入程度;教师对社会-情绪技能的掌握程度与职业倦怠呈负相关,与工作满意度呈正相关。社会-情绪学习不仅影响课堂内外的师生关系,还对教师之间的人际关系产生积极影响,从而改善校园人际氛围。

一、社会-情绪学习对教师工作压力的影响

教师工作压力反映的是教学工作中产生的负面情绪。多项国际研究显示,超过三分之一的教师群体感受到自己工作压力较大或极大。上述研究指出教师工作压力源自各方面,但其中学生行为和纪律问题、工作量这两方面被屡次验证。这两类压力源会引发各种消极结果,包括引起教师的职业倦怠、降低教师的教学效能感和工作满意度。

教师的社会-情绪能力与下列四项班级特征有关:健康的师生关系,有效的课堂管理,健康的班级氛围,有效的社会-情绪学习课程实施。研究发现,社会-情绪能力强的教师更能胜任社会-情绪学习课程的实施过程,更易获得以上四项班级特征,从而降低工作压力、提升教学效能感及工作满意度。

值得注意的是,社会-情绪学习课程的实施会在一定程度上增加教师的工作压力,这是因为在客观上课程增加了教师的工作量,且会让一部分教师认为自己缺乏社会-情绪技能从而产生额外的压力。

二、社会-情绪学习对教师教学效能感的影响

教师的教学效能感是指教师对自己影响学生学习行为和学习成绩的能力的主观判断。教学效能感通常由三部分组成:对学生参与度的效能感,对班级管理的效能感,对教学策略的效能感。相关研究表明社会-情绪学习对教师教学效能感的影响也体现在以下三方面:第一,通过社会-情绪学习,教师能够更好地理解和管理自己的情绪,提高自我意识,从而在教学过程中更有效地与学生互动。第二,社会-情绪学习有助于建立积极的师生关系,教师通过社会-情绪学习获得的技能可以更有效地与学生沟通和解决冲突,从而提升教学效果。第三,教师在社会-情绪学习框架下能够采用更加有效的教学策略,如情绪智力的运用,可以提高教学的质量和学生的学业成就。

另一方面,教师的工作压力很大程度上影响到教师的教学效能感。前面已论述过,社会-情绪能力强的教师更能胜任课程的实施,从而降低工作压力,提升教学效能感。

三、社会-情绪学习对教师工作满意度的影响

教师的工作满意度与其工作动机、福利、专业投入程度等相关。社会-情绪学习的实施过程不仅会给教师带来一定的工作压力,也会给教师带来更大的工作满意度,是一种辩证的关系。研究显示,教师对社会-情绪学习的意愿与其专业成长的意愿有关,而专业成长的意愿恰恰是提高教师工作满意度的关键要素。专业成长能够使教师感受到更有自主权和自治权,从而提升了他们的工作满意度。专业成长的同时又能够使教师感受到一种成就感,从而提升他们的工作满意度。

第三节　社会-情绪学习与父母亲职成长

家庭是儿童早期社会化的重要场所,父母的养育理念和行为、家庭情绪氛围等都是儿童早期社会-情绪能力习得的重要影响因素。

一、父母情绪社会化对社会-情绪学习效果的影响

父母情绪社会化是指父母所持的情绪理念或观念,以及亲子日常交往中表现出的相关情绪行为对儿童情绪和社会行为的塑造和教育的过程。近年来,从父母情绪社会化的视角来探索儿童社会-情绪能力的发展已成为一个新热点。从学前期到青少年晚期,父母情绪社会化的理念、行为与儿童社会-情绪能力的发展密切相关。

二、父母元情绪理念对社会-情绪学习效果的影响

父母不同的元情绪理念会引发不同的情绪反应、表达方式、教导方式等情绪社会化行为。不同父母所持的情绪理念也不同:有的父母认为儿童的消极情绪是坏的,不利于儿童情绪的发展,因此极力要求儿童控制消极情绪,并尽可能采取减少、忽视、否认等措施来防止或阻止儿童表达消极情绪;而有的父母认为儿童的消极情绪是亲子亲密接触的机会,并鼓励儿童以社会接纳的方式表达消极情绪,当儿童表现出消极情绪后,父母则给予更多的鼓励和关注。

实证研究表明,元情绪理念占主导的父母,面对儿童的消极情绪反应,会给予儿童更多接纳和温暖的情绪反应,与儿童心平气和地讨论消极情绪产生的原因,教导儿童以更加积极的方式应对,在日常家庭生活中,表达更多积极情绪。

三、父母情绪表达对社会-情绪学习效果的影响

情绪表达是父母情绪社会化行为的一个重要方面,对儿童社会-情绪能力的发展具有重要作用。父母情绪表达是指父母在家庭中以言语或非言语形式表现出与情绪相关但并非总伴随着情绪的主要风格或模式。

研究表明,父母情绪表达与儿童社会-情绪能力密切相关。在亲子互动中经常表现出温暖、积极情绪的父母,其子女通常会表现较强的社会-情绪能力,而敌意、攻击等问题行为较少。儿童会利用与父母交往的机会学习对情绪信号的解码,并且把学习到的解码技能运用到社交情景中。经常处于父母消极情绪表达氛围中的儿童,更少地被同伴接纳,教师也评价其社会-情绪能力较低。而那些处于父母积极情绪表达氛围中的儿童,同伴接纳程度较高,教师也评价其社会-情绪能力较强。国内有关父母的情绪理念、情绪培养与儿童社会能力的研究发现,父母对儿童的情绪教导及其情绪表达对儿童的社会能力具有一定的影响。

第三章

社会-情绪学习对幼小衔接教育的启示

随着人们教育观念的转变,以及儿童心理问题日益凸显,学校在重视智力开发及培养的同时,越来越重视儿童社会-情绪能力的培养。在幼小衔接过程中应当注重儿童的主体地位,让其参与整个衔接机制的建设中,发挥其自我效能感。提升学前儿童社会-情绪能力对做好学前儿童的幼小衔接尤为重要。

第一节　现有社会-情绪学习项目简析

CASEL 组织对有效的社会与情绪项目做了新的选介,通过一系列的评价,评选出了 23 个经过实证研究的优秀项目。这些优秀项目都是以学校为基础的预防干预项目,有教师培训和实施的完整系统,并且被证明在促进儿童社会-情绪能力方面有明显的效果。本章主要选择其中涉及学龄前儿童的社会-情绪学习项目内容进行综述介绍。

一、促进可替代性思维策略

促进可替代性思维策略(Promoting Alternative Thinking Strategies,PATHS)课程是由马克·格林伯格(M. Greenberg)和卡洛尔·库舍(C. Kusche)于 1995 年提出,适用于学龄前到六年级的普通儿童和特殊儿童。课程主要发展目标有:自我控制、情绪意识、积极自尊、人际关系和人际问题解决能力。除此之外,PATHS 课程还通过改善课堂氛围(包括师生关系)来帮助儿童学习并使其内化亲社会的价值观。

课程内容分为四大单元,总共 131 个课程。四大单元分别是:准备和自我控制单元,情绪和人际关系单元,问题解决单元,附加课程单元。①

每个单元都包含其五个发展目标。每个单元相互融合,一系列的课程内容随着发展而

---

① GREENBERG M T,KUSCHÉ C A,COOK E T,et al. Promoting emotional competence in school — aged children:The effects of the PATHS curriculum[J]. Development and psychopathology,1995,7(1):117 - 136.

增加难度。教学方式包括有谈话、角色扮演、讲故事、模仿游戏、自我强化、归因训练和语言调节。学习方法多样化,整合了视觉、语言和运动知觉。课程中使用故事形式来鼓励儿童培养阅读兴趣,促进其阅读能力的发展,还提供给教师一系列课后互动游戏。在家长支持方面,在课程实施前组织家长宣讲会,每次活动后都通过提供沟通材料,为家长介绍每次活动的内容以及他们可以在家庭中帮助孩子练习巩固的技能。

通过一系列的研究,PATHS 被证明可以增加一些保护性因素并减少危险性行为。不仅在普通教育学校,而且在特殊教育学校,它都被证明有效。

二、齐皮的朋友

齐皮的朋友(Zippy's Friend)①以 5～7 岁学前儿童为课程对象,旨在通过主题学习和行为训练增强儿童日常问题应对能力及社会-情绪能力,减少外在问题行为。该项目以理论框架为基础,即青少年或成人可以通过学习适当的问题处理技巧来改善应激事件或问题情境所带来的消极影响。因此,课程内容集中在教授学前儿童多元化的社会和情绪技能,如识别和表达感情、自我情绪控制技能、自信和处理冲突的技能等促进适应性发展的重要能力。此外,项目也注重儿童生活经验的迁移,将一系列预防策略的培训转移到真实的生活环境中来,以加强项目课程的有效性。

齐皮的朋友课程周期为 24 周,分为六大主题模块:① 理解你的情绪;② 学会沟通;③ 交友与绝交;④ 解决冲突;⑤ 应对变故与损失;⑥ 一般的应对技巧。各模块教学目标具体、明确、配有插图故事,课程借由吉祥物齐皮和朋友们的生动形象展开故事讨论,帮助学前儿童确定自己的情绪、表达自己的想法、学习处理日常生活中的问题。此外,为巩固课程效果,每次课程前都设置了复习环节,课程后又设置了 2～3 个供幼儿参加的拓展活动。

三、第二步

第二步(Second Step)是暴力预防课程的一部分,覆盖 K12 阶段的儿童。它主要发展儿童的移情、情绪管理、交友技能以及问题解决能力。第二步项目运用了四个关键策略来发展儿童的技能:大脑建筑者游戏(建立决策功能)、周主题活动、强化活动和家校联系。鼓励儿童在每天的日常活动中练习技能。每周活动有一个框架:第一天是热身活动,了解主要的课程;第二天是一个小故事和讨论;第三、四天是组成大小不同的组来进行练习活动,包括角色扮演、假装游戏以及实践练习等;第五天,学生阅读一本书(包括所学单元课程内容)后进行总结;周六周日,教师会发放一个"家庭练习"的活动任务给学生,让儿童带回家与家长一起完成。

四、神奇年代

神奇年代(the Incredible Years)项目是一系列全面的、多方位的、以发展为基础的课程。

---

① MONKEVICIENE O, MISHARA B L, DUFOUR S. Effects of the Zippy's Friends programme on children's coping abilities during the transition from kindergarten to elementary school[J]. Early childhood education journal, 2006, 34(1): 53 - 60.

它分别针对家长、教师和儿童设计训练内容,以提高社会-情绪能力,帮助儿童预防、减少情绪和行为问题为目的。该项目聚焦2~8岁的有行为问题的儿童,已被评为促进高危儿童社会适应的有效项目。

针对儿童的训练。它又叫"恐龙课程",主要关注识别和理解情绪、同情和观点采择、人际问题解决、管理愤怒、发展和维持友谊等方面的内容。通过玩偶和视频表演呈现课程,然后进行集体讨论。并通过一些专门的活动来强化练习学习到的技能。每节课结束后都有一个与家长互动完成的小任务,还有给家长的信。

针对教师的训练。该系列强调有效的课堂管理技能,如:有效利用教师的关注,表扬和鼓励,解决困难,积极主动的教学策略,管理不恰当的课堂行为,与学生建立积极的师生关系,在课堂上教学生移情、社会技能和问题解决策略。

针对父母的训练。这部分有三个内容:"基本的项目"强调在父母帮助下促进儿童的社会-情绪能力和人际关系技巧,比如如何与孩子们玩、帮助孩子学习、有效赞美和使用激励机制、有效处理不恰当行为的策略;"促进项目"强调父母的人际交往技能,比如有效的沟通技巧、情绪管理、成人之间的问题解决、如何给予和获得支持;"支持儿童教育项目"强调促进儿童的学业学习技能,如阅读技巧、父母参与帮助建立功课预习常规、建立与教师的协作关系。

五、我能解决问题

乔治·斯派维克(G. Spivack)和默娜·舒尔(M. Shure)于20世纪60年代末70年代初提出关于人际交往技能问题的思考能力可以指导行为,因此他们开始了一项名为"人际认知问题解决"(Interpersonal Cognitive Problem Solving)的干预项目,该项目后改名为"我能解决问题"(I Can Problem Solve, ICPS),旨在发展幼儿的社会适应和人际交往技能。我能解决问题项目教学生发展可替代性思维,预见结果并有效地解决问题。它包括多种技能:不同的问题解决技能、结果性思维能力、社会观点采择能力、顺序思维。课程涵盖从学前班到小学阶段的内容。学前阶段的学习内容包括词汇游戏、情绪、事件发生的先后顺序、问题解决的多种方法、结果思维等。

第二节 探索以社会-情绪学习
为中心的幼小衔接教育

从最初的理论知识研究,到在学校中实施的实践研究,再到各个干预项目,社会-情绪学习的研究内容丰富且繁杂。学校是社会-情绪学习发展的重要环境,研究者主要关注社会-情绪学习在学校中的实施,包括探索在学校中的实施途径和实施效果。

目前,我国部分学者在分析社会-情绪学习主要内容和特征的基础上提出了一些教育建议,强调了社会-情绪学习的教育价值。如王福兴在对社会-情绪学习完整介绍的基础上,重点分析了社会-情绪学习如何应用于学校中。徐文彬指出了社会-情绪学习具有整合性、全面性、系统性、长期性等特征,而这些特征使得社会-情绪学习具有较多的教育价值。比如:促进学生学业学习、身心健康,提高责任意识,提高社会化水平。还有部分学者是从具体的社会-情绪学习项目介绍的基础上,提出在我国实施社会-情绪学习的具体策略。如陈琴详细地介绍了"强健开端"课程,提出可从课程的内容和实施过程中吸收优秀经验,并融入我国幼儿园教育社会领域。还有李超和蔡敏介绍了"积极行动"课程,并提出了其对我国中小学教育的启示。社会-情绪学习在国外发展得如火如荼,但是国内关于社会-情绪学习的研究基本都停留在理论研究层面,集中在介绍国外的研究成果以及提出一些教育建议,几乎没有从实践层面开展的研究。

每个人从出生的那一刻起就处于一定的社会环境与社会人际关系之中。特定的社会环境与关系构成了儿童身心发展的基本条件,也构成了个体身心发展的重要内容。不少研究者发现,儿童社会与情绪问题在学前阶段最为常见也最应引起重视。儿童解决社会与情绪问题能力的高低是衡量其认知适应性发展的良好指标,直接决定了学前儿童未来家庭、学业和生活的幸福程度。大量研究显示,社会-情绪能力与儿童的心理、行为以及学业之间有着密切联系。我国学者也早已发现,相较于智力因素,儿童的"非智力因素"对其学业成绩的预测力度更大。其中,学业性非智力因素比非学业性智力因素更能准确预测其学业成绩。2012年9月由中华人民共和国教育部颁布的《3～6岁儿童学习与发展指南》(以下简称《指南》)中也特别重视儿童的社会性发展,指出:"儿童社会领域的学习与发展过程是其社会性不断完善并奠定健全人格基础的过程。"

因此,在儿童社会-情绪能力培养的关键时期,尤其是5～6岁阶段,开展相关社会与情绪课程将有助于儿童社会适应与入学准备,并帮助儿童在社会化的过程中逐渐形成良好的社会性与个性。那么,如何从社会生态视野下完善社会-情绪学习的环境,将课堂延伸到全园、家庭乃至社区?如何设计出基于科学研究与实践经验相结合的以社会-情绪学习为中心的幼小衔接教育?如何将教师、家长、儿童三位一体纳入课程中,并以此来提高学前儿童情绪能力与社会-情绪能力,引导正向生活态度,降低问题行为?这些都是本研究主要关注的问题,以社会-情绪学习为中心的幼小衔接教育具有重要的理论价值和实践意义。

一、研究目的

本研究试图在社会生态视野下,借鉴优质社会-情绪学习项目的经验,将幼儿、教师、家长三位一体纳入以社会-情绪学习为中心的幼小衔接教育实施中来,开展面向全体幼儿的生态化、预防性干预课程。结合当前有关社会-情绪学习的相关研究成果,针对国内相关实证研究较少的情况,本研究结合实践,希望达到以下目的:

1. 拓展社会-情绪学习的相关理论领域

通过文献搜索,对当前学术界中与情绪智力、社会能力、社会-情绪学习等诸多相关概念进行梳理,同时探寻社会-情绪学习的理论框架与内涵,为制定以社会-情绪学习为中心的幼小衔接教育方案奠定理论基础。

2. 验证学前儿童社会-情绪能力发展及其影响因素

采用追踪测量研究,对学前儿童社会-情绪能力发展及其影响因素进行考察,以实证研

究为基础,为教育实践与干预研究提供理论依据。

3. 探索学前儿童以社会-情绪学习为中心的幼小衔接教育方案

在社会-情绪学习理论框架的基础上,运用情绪智力理论、社会生态理论、认知社会学习理论等,设计出适合5～6岁学前儿童、教师、家长三位一体的预防性干预课程方案,经过检验、研讨后,以上海市区幼儿园为实践基地,对国内学前儿童社会-情绪学习进行实证研究。

4. 实施并验证以社会-情绪学习为中心的幼小衔接教育方案的有效性

采用前后测、对照组实验设计,对上海幼儿园5～6岁儿童的社会-情绪能力相关指标进行检测,以验证以社会-情绪学习为中心的幼小衔接教育方案对实验组儿童发展的影响;运用质性研究方法,分别对教师与家长的干预效果进行梳理与验证。

5. 建构以社会-情绪学习为中心的幼小衔接教育路径与方法

通过以社会-情绪学习为中心的幼小衔接教育方案的实践,为教师和家长探索出一条提升学前儿童社会-情绪能力的有效途径,通过此类生态化、预防性幼小衔接教育促使儿童发展相关能力,为顺利过渡到小学阶段的学习生活打下坚实基础。

二、基本假设及总体研究设计

随着时代的发展和教育观念的转变,早期智力情绪与社会能力的培养越来越受到重视。如何在社会生态视野下对学前儿童进行以社会-情绪学习为中心的幼小衔接教育的实践与实证成为研究者与教育者关注的话题。儿童自出生起便处于社会环境与社会人际关系之中。它们构成了儿童身心发展的基本条件和重要内容。儿童的社会-情绪能力水平高低是衡量个体认知适应性发展的良好指标,直接决定了他们未来家庭、学业和生活。因此学前儿童社会-情绪学习也成为很值得探索的研究领域。综合情绪智力理论、社会学习理论、生态系统理论等相关阐述,我们认为学前儿童社会-情绪学习是一个动态复杂的生态化过程。在这一过程中,儿童所处的环境、重要他人(即家长与教师)对儿童的心理及行为变量产生影响,最终对儿童的社会-情绪能力起到重要作用。在这一生态化的理论视角下,回顾既往以社会-情绪学习为中心的幼小衔接教育的框架建构、课程实施、效果检验等实证研究,发现了有待进一步研究的空间。

三、基本假设

对前述各领域相关研究所发现的问题空间进行整理,提出了本研究的基本假设:

(1)学前儿童的社会-情绪能力、师幼关系、母亲教养行为可以正向预测儿童积极的发展结果,而负向预测儿童消极的发展结果;

(2)以社会-情绪学习为中心的幼小衔接教育的实施对幼儿、教师、家长起到积极的影响作用;

(3)实施生态化、预防性的干预课程是提高学前儿童社会-情绪能力水平的策略之一。

四、总体思路及框架

本研究的总体思路如下:梳理社会-情绪学习相关理论研究成果,确定研究视野—梳理社会-情绪相关实证研究,提出研究的基本假设—进行社会-情绪能力发展及其影响因素的实证研究,为教育干预提供理论依据—探索学前儿童、教师、家长三位一体的预防性干预课程方案—实施以社会-情绪学习为中心的幼小衔接教育—检验以社会-情绪学习为中心的幼小衔接教育的有效性。研究总体设计和框架,如图 3-1 所示。

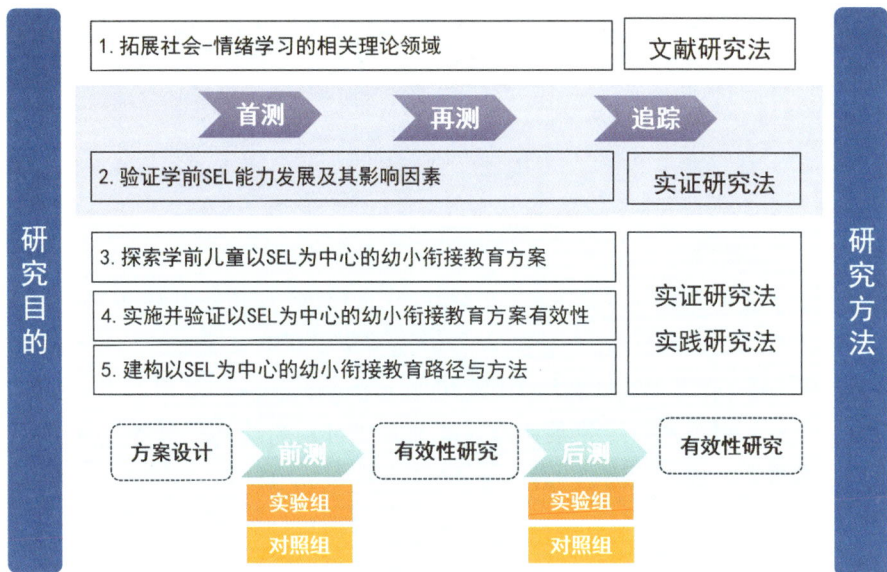

图 3-1 研究总体设计和框架图

第 四 章

幼儿社会-情绪能力发展及其影响因素

本章将基于实证量化数据,研究学前儿童社会-情绪能力、师幼关系和母亲教养方式对儿童发展结果的影响,为后续幼小衔接教育与干预实践提供实证依据。研究假设幼儿的情绪理解能力、问题解决能力和亲社会行为可以正向预测幼儿积极的发展结果,而负向预测幼儿消极的发展结果。积极的师幼关系和母亲教养方式可预测幼儿积极的发展结果,消极的师幼关系和母亲教养方式可预测幼儿消极的发展结果。

第一节 研究方法与初步统计结果

一、研究对象

选取上海市市区幼儿园 360 名儿童为调查对象,儿童平均年龄为 4.72 岁,SD = 0.53。其中男孩 200 人,女孩 160 人。对这些儿童进行三次追踪测量研究,以考查儿童社会-情绪能力与儿童发展结果的关系。儿童的家长和教师也参与了本研究。

二、研究工具

1. 儿童情绪理解能力

由经过训练的主试对儿童进行情绪理解故事访谈[①],包括表情识别(向儿童随机呈现四种情绪图片:高兴、悲伤、愤怒和害怕,采用 0～2 计分)、情绪观点采择(向儿童讲述 8 个情境故事,让儿童判断主人公的情绪状态,采用 0～2 计分)、情绪原因解释(对情绪观点采择任务中的 4 个情境故事加以追问"为什么",采用 0～2 计分)、基于信念和愿望的情绪理解(向儿童讲述情境故事"雪碧/白开水",让儿童预测故事主人公的情绪及情绪产生的原因,采用 0～1 计分)和情绪表达规则(向儿童讲述情境故事"失望的礼物"和"被同伴拒绝",让幼儿报告

---

① 徐美琴,何洁.儿童情绪理解发展的研究述评[J].心理科学进展,2006,14(1): 223 - 228.

主人公的情绪反应,采用1～3计分),计算被试在三个方面的总分表示被试的情绪理解能力。本研究中幼儿情绪理解故事访谈的Cronbach's $\alpha=0.71$。

2. 儿童问题解决能力

本研究采用同伴社交情境[①]来测量幼儿的社会问题解决能力,每个情境附有一张描述该情境的图片,以帮助幼儿更好地理解情境,一共有4个情境,第一个情境:这是贝贝,一群小朋友正在玩游戏,他们玩得很开心,现在贝贝也很想加入他们和他们一起玩儿,想一想,贝贝会怎么办? 第二个情境:这是文文,这是方方,文文和方方都想玩小火车,两个人都抓着小火车不肯放手,想一想,文文会怎么办? 第三个情境:这是童童,这是他的好朋友洋洋。童童看见有几个小孩儿在欺负洋洋,他们在笑话洋洋,洋洋很难过,都快要哭了,想一想,童童会怎么办? 第四个情境:这是毛毛,这是平平。毛毛和平平正在看电视,毛毛非常喜欢看这个动画片,可是就在毛毛看到最有意思的时候,平平用遥控器换了另外一个频道,想一想,毛毛会怎么办? 对儿童回答出的积极的问题解决策略计2分,中性的问题解决策略计1分,消极的问题解决策略不计分。

3. 儿童亲社会行为

采用儿童长处与困难量表中的亲社会性(5个项目,如"能体谅到别人的感受")。该量表要求母亲对一些儿童行为的描述做出反应(1 =完全不符合,3=完全符合),各个维度的分数越高表示儿童的特点越突出。本研究中三个时间点亲社会性的Cronbach's α 依次为0.70、0.77、0.64。

4. 儿童行为教师评定

采用儿童行为教师评定量表测量儿童行为,共31题,采用0～2三点计分(0=不符合,2=非常符合)。本研究选取其中的外化情绪问题(6个项目,如"不顺他/她的心就哭闹")、社会性(6个项目,如"别的孩子喜欢和他/她一起玩")、顺从(5个项目,如"玩好后把玩具收拾好")和学习问题(4个项目,如"学习动机不强")这几个维度,得分越高说明儿童的行为越突出,其中T1各个维度的Cronbach's α 在0.70～0.90之间,T2各个维度的Cronbach's α 在0.82～0.91之间,T3各个维度的Cronbach's α 在0.75～0.88之间。

5. 儿童社会能力与行为评定

采用拉费尔(La Freniere)等编制的幼儿社会能力和行为评定简表(social competence and behavior evaluation Scale - 30,SCBE - 30)测量儿童的社会能力和行为问题。该量表由刘宇等人修订[②],适合中国学前被试。该量表共30题,本研究采用外化行为问题(10个项目,如"易怒,容易发脾气")、社会能力(10个项目,如"能够协商解决冲突")和内化问题(10个项目,如"悲伤,不快乐,情绪低落")。采用likerT量表6点计分,1～6表示"从来没有"到"总是这样",要求被试根据实际情况报告一些行为的符合程度。本研究中外化行为问题在三个时间点的Cronbach's α 依次为0.84、0.88、0.81,社会能力维度在三个时间点的Cronbach's α 依次为0.85、0.88、0.84,内化问题在三个时间点的Cronbach's α 依次为0.91、0.90、0.92。

---

① 王美芳,张栋玲,隋莉晖.不同社交地位幼儿的人际认知问题解决技能特点比较[J].学前教育研究,2009(10):23-27.
② 刘宇,宋媛,梁宗保,等.幼儿社会能力与行为评定简表的国内应用研究[J].东南大学学报(医学版),2012(3):268-273.

三、描述性统计

对采集到的数据进行描述性统计,结果如下:

表 4–1　Time 1 各结果变量之间的平均数和标准差 M(SD)

	N	总	男	女	t	p
T1 情绪理解	304	−0.00(2.37)	0.06(2.35)	−0.09(2.41)	0.54	0.59
T1 外化情绪问题(TBRS)	356	0.29(0.43)	0.32(0.46)	0.26(0.40)	1.47	0.14
T1 社会性(TBRS)	356	1.50(0.49)	1.46(0.52)	1.55(0.45)	−1.74	0.08
T1 顺从性	357	1.54(0.45)	1.42(0.47)	1.68(0.38)	−5.87	0.00
T1 学习问题(TBRS)	357	0.52(0.53)	0.56(0.56)	0.48(0.49)	1.42	0.16
T1 外化问题(SCBE)	334	1.64(0.62)	1.77(0.67)	1.48(0.50)	4.51	0.00
T1 社会能力(SCBE)	334	3.86(0.75)	3.70(0.68)	4.05(0.80)	−4.25	0.00
T1 内化问题(SCBE)	334	2.26(0.90)	2.30(0.85)	2.23(0.95)	0.68	0.50

由表 4–1 可知,T1 男、女生在顺从性、外化问题、社会能力方面均存在显著差异,女生顺从性显著高于男生,外化问题显著低于男生,社会能力显著高于男生。

表 4–2　Time 2 各结果变量之间的平均数和标准差 M(SD)

	N	总	男	女	t	p
T2 外化情绪问题(TBRS)	339	0.34(0.51)	0.39(0.54)	0.27(0.47)	2.13	0.03
T2 社会性(TBRS)	339	1.51(0.48)	1.46(0.50)	1.59(0.45)	−2.39	0.02
T2 顺从性	342	1.48(0.50)	1.34(0.51)	1.66(0.43)	−6.47	0.00
T2 学习问题(TBRS)	342	0.56(0.55)	0.61(0.59)	0.49(0.48)	2.14	0.03
T2 外化问题(SCBE)	344	1.87(0.76)	1.95(0.76)	1.76(0.75)	2.26	0.02
T2 社会能力(SCBE)	344	3.88(0.84)	3.68(0.76)	4.12(0.88)	−5.05	0.00
T2 内化问题(SCBE)	344	2.32(0.85)	2.28(0.87)	2.36(0.82)	−0.86	0.39

由表 4–2 可知,T2 男、女生在外化情绪问题、社会性、顺从性、学习问题、外化问题、社会能力、内化问题方面均存在显著差异。

表 4–3　Time 3 各结果变量之间的平均数和标准差 M(SD)

	N	总	男	女	t	p
T3 外化情绪问题(TBRS)	294	0.28(0.39)	0.33(0.41)	0.22(0.37)	2.48	0.01
T3 社会性(TBRS)	294	1.39(0.50)	1.28(0.48)	1.54(0.48)	−4.74	0.00
T3 顺从性	296	1.43(0.52)	1.29(0.53)	1.60(0.45)	−5.58	0.00
T3 学习问题(TBRS)	296	0.46(0.50)	0.53(0.51)	0.37(0.46)	2.85	0.00

	N	总	男	女	t	p
T3 外化问题(SCBE)	294	1.58(0.63)	1.71(0.68)	1.41(0.51)	4.33	0.00
T3 社会能力(SCBE)	294	4.03(1.01)	3.75(0.93)	4.39(1.01)	−5.57	0.00
T3 内化问题(SCBE)	294	2.06(0.81)	2.10(0.80)	2.00(0.82)	1.10	0.27

由表4-3可知,T3男、女生在外化情绪问题、社会性、顺从性、学习问题、外化问题、社会能力、内化问题方面均存在显著差异。

四、社会-情绪能力与儿童发展结果的预测

为了分析儿童社会-情绪能力与儿童发展结果之间的关系,将儿童情绪理解、亲社会行为、问题解决分别与儿童发展各结果做相关分析,得到结果见表4-4:

表4-4　儿童社会-情绪能力(情绪理解、问题解决、亲社会行为)与儿童发展结果关系

	T1 外化情绪	T1 社会性	T1 顺从性	T1 学习问题	T1 外化问题	T1 社会能力	T1 内化问题	T2 外化情绪	T2 社会性	T2 顺从性	T2 学习问题
1	−0.09	0.14*	−0.04	−0.20***	0.08	0.21***	−0.25***	−0.06	0.08	0.04	−0.16**
2	0.02	0.12*	0.06	−0.12*	−0.02	0.12*	−0.19**	−0.12*	0.15**	0.12*	−0.12*
3	−0.07	0.22***	0.15**	−0.15*	−0.08	0.36***	−0.23***	−0.17**	0.23***	0.15*	−0.17**

	T2 外化问题	T2 社会能力	T2 内化问题	T3 外化情绪	T3 社会性	T3 顺从	T3 学习问题	T3 外化问题	T3 社会能力	T3 内化问题
1	0.06	0.21***	−0.28***	−0.14*	0.22***	0.01	−0.16*	−0.04	0.13*	−0.17**
2	−0.02	0.17**	−0.14*	−0.17**	0.15*	0.08	−0.04	−0.05	0.13*	−0.17**
3	−0.01	0.28***	−0.22***	−0.15*	0.25**	0.18**	−0.19**	−0.15*	0.23***	−0.28***

注:T1=Time 1 情绪理解能力;T2=Time 1 问题解决能力;T3=Time 1 亲社会行为。
*** $p<0.001$;** $p<0.01$;* $p<0.05$;+ $p<0.10$。

由表4-4可知,T1情绪理解能力、问题解决能力、亲社会行为分别与社会性、社会能力显著正相关,分别与学习问题、内化问题均显著负相关;亲社会行为与顺从性显著正相关。T2情绪理解能力、问题解决能力、亲社会行为分别与社会能力显著正相关,分别与学习问题、内化问题显著负相关;问题解决能力、亲社会行为还分别与社会性、顺从性显著正相关,与外化情绪显著负相关。T3情绪理解能力、问题解决能力、亲社会行为分别与外化情绪、社会性、社会能力显著正相关,分别与学习问题、内化问题显著负相关;亲社会行为与顺从显著正相关。

为了探讨儿童情绪理解能力、解决问题能力和儿童亲社会行为对儿童发展结果的影响,我们用回归分析,分析 T1 儿童社会-情绪能力对 T2、T3 幼儿的社会适应的影响,结果见表4-5、表4-6、表4-7:

表 4-5　儿童情绪理解能力对发展结果的预测

	Time 1 β	Time 2 β	Time 3 β
外化情绪(TBRS)			
情绪理解	−0.09	−0.06	−0.14*
社会性(TBRS)			
情绪理解	0.14*	0.08	0.22***
顺从(TBRS)			
情绪理解	−0.04	0.04	0.01
学习问题(TBRS)			
情绪理解	−0.20***	−0.16**	−0.16*
外化问题(SCBE-30)			
情绪理解	0.08	0.06	−0.04
社会能力(SCBE-30)			
情绪理解	0.21***	0.21***	0.13*
内化问题(SCBE-30)			
情绪理解	−0.25***	−0.28***	−0.17**

表 4-5 结果表明,儿童情绪理解能力对 Time 3 的教师评定的外化情绪问题有显著的负向预测作用,对 Time 1 和 Time 3 的社会性具有的正向预测作用。这种能力对三个时间点的儿童学习问题和内化问题具有显著的负向预测作用,对儿童社会能力具有显著的正向预测作用。

表 4-6　儿童问题解决能力对发展结果的预测

	Time 1 β	Time 2 β	Time 3 β
外化情绪(TBRS)			
问题解决能力	0.02	−0.12*	−0.17**
社会性(TBRS)			
问题解决能力	0.12*	0.15**	0.15*
顺从性(TBRS)			
问题解决能力	0.06	0.12*	0.08
学习问题(TBRS)			
问题解决能力	−0.12*	−0.12*	−0.04
外化问题(SCBE-30)			
问题解决能力	−0.02	−0.02	−0.05
社会能力(SCBE-30)			
问题解决能力	0.12*	0.17**	0.13*
内化问题(SCBE-30)			
问题解决能力	−0.19**	−0.14*	−0.17**

表 4-6 结果表明,Time 1 的儿童问题解决能力对 Time 2 和 Time 3 的教师评定的外化情绪问题都有显著的负向预测作用,对三个时间点的社会性具有显著的正向预测作用,对 Time 2 的顺从具有显著的正向预测作用,对 Time 1 和 Time 2 的学习问题具有显著的负向预测作用,对三个时间点的儿童社会能力具有显著的正向预测作用,对三个时间点的儿童内化问题具有显著的负向预测作用。

表 4-7　儿童亲社会行为对发展结果的预测

	Time 1 β	Time 2 β	Time 3 β
外化情绪(TBRS)			
亲社会行为	0.02	−0.12*	−0.15*
社会性(TBRS)			
亲社会行为	0.12*	0.15**	0.25***
顺从性(TBRS)			
亲社会行为	0.06	0.12*	0.18**
学习问题(TBRS)			
亲社会行为	−0.12*	−0.12*	−0.19**
外化问题(SCBE-30)			
亲社会行为	−0.02	−0.02	−0.15*
社会能力(SCBE-30)			
亲社会行为	0.12*	0.17**	0.23***
内化问题(SCBE-30)			
亲社会行为	−0.19**	−0.14**	−0.28***

表 4-7 结果表明,Time 1 的儿童亲社会行为对 Time 2 和 Time 3 的教师评定的外化情绪问题都有显著的负向预测作用,对三个时间点的社会性具有显著的正向预测作用,对 Time 2 和 Time 3 的顺从具有显著的正向预测作用,对三个时间点的学习问题和内化问题具有显著的负向预测作用,对 Time 3 的外化问题具有显著的负向预测作用,对三个时间点的儿童社会能力具有显著的正向预测作用,对三个时间点的儿童内化问题具有显著的负向预测作用。

第二节　师幼关系与儿童社会-情绪能力发展

为考察儿童社会-情绪能力发展影响因素,将师幼关系与儿童发展结果之间进行相关分析,从而得出实证研究的结果见表 4-8、表 4-9 表 4-10:

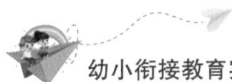

表 4－8 冲突型和亲密型师幼关系与儿童发展结果之间的关系

	T1 外化情绪	T1 社会性	T1 顺从性	T1 学习问题	T1 外化问题	T1 社会能力	T1 内化问题	T2 外化情绪	T2 社会性	T2 顺从性	T2 学习问题
a	0.62^{***}	-0.30^{***}	-0.58^{***}	0.23^{***}	0.43^{***}	-0.28^{***}	0.06	0.43^{***}	-0.29^{***}	-0.44^{***}	0.19^{***}
b	0.43^{***}	-0.05	-0.19^{***}	0.11^{*}	0.30^{***}	-0.14^{***}	0.26^{***}	0.24^{***}	-0.05	-0.10^{+}	0.04

	T2 外化问题	T2 社会能力	T2 内化问题	T3 外化情绪	T3 社会性	T3 顺从性	T3 学习问题	T3 外化问题	T3 社会能力	T3 内化问题
a	0.27^{***}	-0.22^{***}	0.01	0.08	-0.05	0.10	0.07	-0.10^{+}	0.14^{*}	0.01
b	0.21^{***}	-0.25^{***}	0.23^{***}	0.11^{+}	-0.08	0.01	0.03	0.10^{+}	-0.9	0.10^{+}

注：a＝冲突型师幼关系；b＝依赖型师幼关系。
$^{***}p<0.001$；$^{**}p<0.01$；$^{*}p<0.05$；$^{+}p<0.10$。

由表 4－8 可知，T1 冲突型师幼关系与儿童外化情绪、学习问题、外化问题呈显著正相关，与社会能力、社会性、顺从性呈显著负相关；依赖型师幼关系与外化情绪、学习问题、外化问题、内化问题呈显著正相关，与顺从性、社会能力呈显著负相关。T2 冲突型师幼关系与外化情绪、学习问题、外化问题呈显著正相关，与社会性、顺从性、社会能力呈显著负相关；依赖型师幼关系与外化情绪、外化问题、内化问题呈显著正相关，与社会能力呈显著负相关。T3 冲突型师幼关系与社会能力呈显著正相关。

教师也是影响幼儿适应的重要因子，用回归分析检验 T1 师幼关系对儿童 T2、T3 发展结果的预测，结果如下：

表 4－9 冲突型师幼关系对儿童发展结果的预测

	Time 1 β	Time 2 β	Time 3 β
外化情绪(TBRS)			
冲突型师幼关系	0.62^{***}	0.43^{***}	0.08
社会性(TBRS)			
冲突型师幼关系	-0.30^{***}	-0.29^{***}	-0.05
顺从性(TBRS)			
冲突型师幼关系	-0.58^{***}	-0.44^{***}	-0.10^{+}
学习问题(TBRS)			
冲突型师幼关系	0.23^{***}	0.19^{***}	0.07
外化问题(SCBE－30)			
冲突型师幼关系	0.43^{***}	0.27^{***}	0.07
社会能力(SCBE－30)			
冲突型师幼关系	-0.28^{***}	-0.22^{***}	-0.10^{+}
内化问题(SCBE－30)			
冲突型师幼关系	0.06	0.01	0.01

表4-9结果表明,Time 1的冲突型师幼关系对Time 1和Time 2的教师评定的外化情绪问题、学习问题和外化问题都有显著的正向预测作用,对Time 1和Time 2的社会性具有显著的负向预测作用,对三个时间点的顺从性和社会能力具有显著的负向预测作用。

表4-10 依赖型师幼关系对儿童发展结果的预测

	Time 1 β	Time 2 β	Time 3 β
外化情绪(TBRS)			
依赖型师幼关系	0.43***	0.24***	0.11+
社会性(TBRS)			
依赖型师幼关系	−0.05	−0.05	−0.08
顺从性(TBRS)			
依赖型师幼关系	−0.19***	−0.10+	0.01
学习问题(TBRS)			
依赖型师幼关系	0.11*	0.04	0.03
外化问题(SCBE-30)			
依赖型师幼关系	0.30***	0.21***	0.10+
社会能力(SCBE-30)			
依赖型师幼关系	−0.14***	−0.25***	−0.09
内化问题(SCBE-30)			
依赖型师幼关系	0.26***	0.23***	0.10+

表4-10结果表明,Time 1的依赖型师幼关系对Time 1、Time 2和Time 3的教师评定的外化情绪问题、外化问题(对Time 3的边缘显著)和内化问题(对Time 3的边缘显著)都有显著的正向预测作用,对Time 1和Time 2的顺从性和社会能力(对Time 3的边缘显著)具有显著的负向预测作用,对Time 1的学习问题具有显著的正向预测作用。

第三节　教养方式与儿童社会-情绪能力发展

母亲教养关系与儿童发展结果之间的关系分析如下:

表4-11 母亲教养方式与儿童发展结果之间的关系

	T1外化情绪	T1社会性	T1顺从性	T1学习问题	T1外化问题	T1社会能力	T1内化问题	T2外化情绪	T2社会性	T2顺从性	T2学习问题
1	−0.03	0.05	0.15**	−0.18**	−0.12*	0.12*	−0.02	−0.04	0.09	0.13*	−0.06
2	−0.03	−0.01	0.07	−0.14**	−0.12*	0.11*	0.00	−0.02	−0.04	0.08	−0.03

	T1 外化情绪	T1 社会性	T1 顺从性	T1 学习问题	T1 外化问题	T1 社会能力	T1 内化问题	T2 外化情绪	T2 社会性	T2 顺从性	T2 学习问题
3	0.10^+	-0.01	-0.12^*	0.10^+	0.15^{**}	-0.22^{***}	-0.00	0.13^*	-0.10^+	-0.19^{**}	0.09
4	0.02	0.04	0.04	-0.12^*	-0.10^+	0.10^+	-0.03	-0.01	0.06	0.11^+	-0.06

	T2 外化问题	T2 社会能力	T2 内化问题	T3 外化情绪	T3 社会性	T3 顺从性	T3 学习问题	T3 外化问题	T3 社会能力	T3 内化问题
1	-0.01	0.08	-0.01	-0.08	0.13^*	0.07	-0.21^{***}	-0.15^{**}	0.20^{**}	-0.12^*
2	-0.06	0.07	-0.05	-0.04	0.03	0.06	-0.13^*	-0.08	0.19^{**}	-0.08
3	0.02	-0.14^*	0.01	0.15^*	-0.04	-0.17^{**}	0.12^*	0.05	-0.09	0.02
4	-0.01	0.15^{**}	-0.05	-0.06	0.14^*	0.07	-1.3^*	-0.15^*	0.19^{**}	-0.10^+

注：1＝理性；2＝温暖；3＝惩罚；4＝鼓励成就。

由表 4 - 11 可知，T1 理性型教养方式与顺从性、社会能力显著正相关，与学习问题、外化问题显著负相关；温暖型教养方式与学习问题、外化问题显著负相关，与社会能力显著正相关；惩罚型教养方式与外化问题显著正相关，与顺从性、社会能力显著负相关；鼓励成就型教养方式与学习问题显著负相关。T2 理性型教养方式与顺从性显著正相关；惩罚型教养方式与外化情绪显著正相关，与顺从性、社会能力显著负相关；鼓励成就型教养方式与社会能力显著正相关。T3 理性型教养方式与社会性、社会能力显著正相关，与学习问题、外化问题、内化问题显著负相关；温暖型教养方式与学习问题显著负相关，与社会能力显著正相关；惩罚型教养方式与外化情绪、学习问题显著正相关，与顺从性显著负相关；鼓励成就型教养关系与社会性、社会能力显著正相关，与学习问题、外化问题显著负相关。

母亲也是影响幼儿适应性的重要因子，用回归分析检验 T1 师幼关系对幼儿 T2、T3 发展结果的预测，结果如下：

表 4 - 12　母亲理性的教养方式对儿童发展结果的预测

	Time 1 β	Time 2 β	Time 3 β
外化情绪(TBRS)			
理性教养方式	-0.03	-0.04	-0.08
社会性(TBRS)			
理性教养方式	0.05	0.09	0.13^*
顺从性(TBRS)			
理性教养方式	0.15^{**}	0.13^*	0.07
学习问题(TBRS)			
理性教养方式	-0.18^{**}	-0.06	-0.21^{***}

续 表

	Time 1 β	Time 2 β	Time 3 β
外化问题(SCBE-30)			
理性教养方式	-0.12^*	-0.01	-0.15^{**}
社会能力(SCBE-30)			
理性教养方式	0.12^*	0.08	0.20^{**}
内化问题(SCBE-30)			
理性教养方式	-0.02	-0.01	-0.12^*

表4-12结果表明,Time 1的理性教养方式对 Time 3 的教师评定的社会性有显著的正向预测作用,对 Time 1 和 Time 2 的顺从性有显著的正向预测作用,对 Time 1 和 Time 3 的学习问题有显著的负向预测作用;对 Time 1 和 Time 3 的外化问题有显著的负向预测作用,对 Time 1 和 Time 3 的社会能力有显著的正向预测作用,对 Time 3 的内化问题有显著的负向预测作用。

表4-13 母亲温暖的教养方式对儿童发展结果的预测

	Time 1 β	Time 2 β	Time 3 β
外化情绪(TBRS)			
温暖教养方式	-0.03	-0.02	-0.04
社会性(TBRS)			
温暖教养方式	-0.01	-0.04	0.03
顺从性(TBRS)			
温暖教养方式	0.07	0.08	0.06
学习问题(TBRS)			
温暖教养方式	-0.14^{**}	-0.03	-0.13^*
外化问题(SCBE-30)			
温暖教养方式	-0.12^*	-0.06	-0.08
社会能力(SCBE-30)			
温暖教养方式	0.11^*	0.07	0.19^{**}
内化问题(SCBE-30)			
温暖教养方式	0.00	-0.05	-0.08

表4-13结果表明,Time 1的温暖教养方式对 Time 1 和 Time 3 的教师评定的学习问题有显著的负向预测作用,对 Time 1 的家长评定的外化问题有显著的负向预测作用,对 Time 1 和 Time 3 的社会能力有显著的正向预测作用。

表 4‒14 母亲惩罚的教养方式对儿童发展结果的预测

	Time 1 β	Time 2 β	Time 3 β
外化情绪(TBRS)			
惩罚教养方式	0.10[+]	0.13[*]	0.15[*]
社会性(TBRS)			
惩罚教养方式	−0.01	−0.10[+]	−0.04
顺从性(TBRS)			
惩罚教养方式	−0.12[*]	−0.19[**]	−0.17[**]
学习问题(TBRS)			
惩罚教养方式	0.10[+]	0.09	0.12[*]
外化问题(SCBE‒30)			
惩罚教养方式	0.15[**]	0.02	0.05
社会能力(SCBE‒30)			
惩罚教养方式	−0.22[***]	−0.14[*]	−0.09
内化问题(SCBE‒30)			
惩罚教养方式	−0.00	0.01	0.02

表 4‒14 结果表明,Time 1 的惩罚型教养方式对 Time 2 和 Time 3 的教师评定的外化情绪有显著的正向预测作用(对 Time 1 的边缘显著),对 Time 2 的社会性有边缘显著的负向预测作用,对 Time 1,Time 2 和 Time 3 的顺从性有显著的正向预测作用,对 Time 3 的学习问题有显著的正向预测作用;对 Time 1 的教师评定的外化问题有显著的正向预测作用,对 Time 1 和 Time 2 的社会能力有显著的负向预测作用。

表 4‒15 母亲鼓励成就的教养方式对儿童发展结果的预测

	Time 1 β	Time 2 β	Time 3 β
外化情绪(TBRS)			
鼓励成就	0.02	−0.01	−0.06
社会性(TBRS)			
鼓励成就	0.04	0.06	0.14[*]
顺从性(TBRS)			
鼓励成就	0.04	0.11[+]	0.07
学习问题(TBRS)			
鼓励成就	−0.12[*]	−0.06	−0.13[*]
外化问题(SCBE‒30)			
鼓励成就	−0.10[+]	−0.01	−0.15[*]

	Time 1 β	Time 2 β	Time 3 β
社会能力(SCBE-30)			
鼓励成就	0.10+	0.15**	0.19**
内化问题(SCBE-30)			
鼓励成就	−0.03	−0.05	−0.10+

表4-15结果表明,Time 1的鼓励成就型教养方式对Time 3的教师评定的社会性有显著的正向预测作用,对Time 2的顺从性有边缘显著的正向预测作用,对Time 1和Time 3的学习问题有显著的负向预测作用;对Time 3的教师评定的外化问题有显著的负向预测作用(对Time 1边缘显著);对Time 2和Time 3的社会能力有显著的正向预测作用(对Time 1边缘显著),对Time 3的内化问题有边缘显著的负向预测作用。

以上对学前儿童社会-情绪能力、师幼关系及母亲教养关系的调查研究,三次追踪测量各维度得分比较以及分析,可以得出以下结论:

(1) 儿童的社会-情绪能力(情绪理解能力、问题解决能力和亲社会行为)正向预测儿童积极的发展结果,负向预测儿童消极的发展结果。

(2) 亲密型师幼关系正向预测儿童积极的发展结果;冲突型师幼关系负向预测儿童消极的发展结果。

(3) 理性型、温暖型、鼓励成就型母亲教养方式正向预测儿童积极的发展结果;惩罚型母亲教养方式负向预测儿童消极的发展结果。

研究结果与研究假设相符,即儿童的情绪理解能力、问题解决能力和亲社会行为可以正向预测儿童积极的发展结果,而负向预测儿童消极的发展结果;积极的师幼关系和母亲教养方式可预测儿童积极的发展结果,而消极的师幼关系和母亲教养方式可预测儿童消极的发展结果。因此,需要支持学前儿童社会-情绪能力的发展,并将教师与家长共同纳入儿童以社会-情绪学习为中心的幼小衔接教育体系中来,以达到积极促进儿童发展的目的。本研究为后续教育与干预实践提供了理论和实践依据。

实证篇

第五章

"小一步"大班儿童社会-情绪学习课程

基于情绪智力理论、社会生态理论、认知社会学习理论及神经认知发展模型等理论基础，"小一步"大班儿童社会-情绪学习课程根据三大内容而确定。首先遵循《3~6岁儿童学习与发展指南》以及《幼儿园教育指导纲要（试行）》对儿童的社会适应和情绪健康发展的引领和导向；其次是以社会-情绪学习的具体内容（即五大核心能力）为基础；再次是以社会-情绪具体能力结构为重心，构建以社会适应性为核心的情绪能力与社会能力全面发展的幼小衔接教育。

第一节　理论基础

儿童社会-情绪问题的解决能力是衡量其认知适应性发展的良好指标，较之智力因素，它对幼儿未来学业成绩更具预测力。研究表明，儿童感知到的自我成就为他们不断尝试挑战注入信心，对自己学业能力的积极感知可以为进一步的学习增添动力。儿童管理自己的情绪、注意力以及行为的能力和他们的学业适应性有关。学前儿童情绪理解、问题解决等亲社会行为评价与其未来的学业成绩相关，亲社会能力不足和入学准备呈负相关。因此，为了帮助儿童积累这些核心经验，"小一步"项目在大班儿童社会-情绪学习课程的基础上，依据情绪智力理论和社会生态理论的基本观点，确定幼儿课程的价值取向，以认知社会学习理论、情绪-行为-认知-动力模型、神经认知发展模型等理论为基础设计幼儿课程。

一、情绪智力理论

情绪智力理论源于加德纳（H. Gardner）的多元智能理论中的人际智力和自知智力，之后美国心理学家萨洛维（P. Salovey）和梅耶（D. J. Mayer）提出了情绪智力的概念，经过多次修订后将其定义为"准确地觉察、评价和表达情绪的能力；接近并产生感情以促进思维的能力；理解情绪及情绪知识的能力；调节情绪以促进情绪和智力发展的能力"。情绪智力的四个维度分别是：情绪感知和表达能力、情绪促进思维能力、情绪理解能力和情绪管理能力。

四个维度是一个循序渐进发展的过程。1995年戈尔曼(D. Goleman)在《情感智商》一书中将情绪智力界定为五个方面的能力：认知自己的情绪、管理自己的情绪、自我激励、理解他人情绪和管理人际关系。

情绪智力影响着个人社会生活的各个方面，与个体的人际关系也密切相关，因此在学校进行社会-情绪教育是必要的。儿童在进入小学之前需要养成一些基本的社会-情绪能力，这将有利于其后的学业学习。基本的社会-情绪能力包括自信心、好奇心、学习动机、自制力、人际关系能力、交流能力、合作能力。在幼儿园中开始积极关注并有意地培养儿童的这些能力，将为儿童入学打下坚实的基础。

二、社会生态理论

布朗芬布伦纳(Bronfenbrenner)生态系统理论认为，个体在发展过程中并非独立存在，而是与周围环境相互依赖、相互依存、相互作用的，这些相互作用促进了个体的发展。儿童所生活的周围环境影响其人际交往能力的发展，微观系统、中介系统、外在系统以及宏观系统共同起作用。但对儿童影响最明显的是其所处的微观系统，即家庭、学校、同伴。因此本课程以幼儿园为基地，有计划有目的地培养幼儿的社会-情绪能力。在学校中，充分利用与同伴交流互动的机会，促进幼儿社交技能的发展；加强教师对社会-情绪学习相关理论的理解与认同，充分利用师幼互动的机会；重视家庭教育在发展儿童社会-情绪能力上的作用，引导父母有意识地培养幼儿的情绪和社会能力，促进儿童社会性的发展。本课程分别针对教师和家长这幼儿两大的重要他人，建立起社会-情绪学习支持系统，如培训教师提升社会-情绪能力技能，让教师参与课程活动的设计与实施，开展家长沙龙、提供"教养建议"和"家庭共同完成的小任务"；让家长充分了解社会情绪课程并提高家长的情绪辅导和教养能力等。

三、认知社会学习理论

认知社会学习理论强调，儿童通过观察和模仿以及与他人的相互作用习得特定的社会行为。儿童通过早期的间接和直接经验发展人际交往能力。间接经验是指通过认知发展掌握社会交往的相关知识，例如在集体活动课中直接讲授的社会交往知识。而在一日生活和游戏中，儿童获得的是人际交往的直接经验。因此"小一步"项目课程强调通过集体活动中的社会交往知识学习和一日生活中的练习加以巩固。

四、情绪-行为-认知-动力模型

情绪-行为-认知-动力模型(affective-behavioral-cognitive-dynamic model，ABCD模型)认为情绪情感、言语、行为、认知理解的发展性整合对社会-情绪能力有重要的影响作用。在个体的成熟过程中，情绪发展先于认知，这意味着幼儿的情绪体验及反应远早于运用言语进行情绪表达。在幼儿早期，情绪发展作为一个重要的先驱与缓慢发展的认知、言语能力逐渐整合，直到小学阶段，情绪、行为和认知、语言才进一步整合。这一过程促进了幼儿社会能力的发展和良好人际关系的建立。基于ABCD模型，本项目课程综合了自我控制、情绪意识和理解、人际社交技能和社会问题解决等方面的内容,用以提升幼儿社会-情绪能力,并假设:儿童理解和讨论情绪的能力与其行为相关;儿童理解、讨论、管理情绪的能力受到社会化实践的影响;儿童理解自身及他人情绪的能力是有效解决问题的核心要素;学校环境是基础的生态环境,是改变的核心要素。因此本项目课程在设计与实施过程中注重丰富幼儿的情绪词汇,提高儿童讨论情绪的能力以及情绪的元认知能力(如发现情绪识别的线索,理解情绪表现的规则,了解改变情绪状态的策略等)。在此过程中幼儿园行政管理层的配合与支持至关重要,教师对课程的有效实施和推广应予重视。

五、神经认知发展模型

神经认知发展模型(Neurocognitive Models of Development)关注两个重要的概念:垂直控制和平行交流,分别与神经系统中的前额叶和边缘系统有关。垂直控制指的是发生在前额叶的高级认知功能控制低级的边缘冲动。对成年人而言,情绪信息被大脑的情绪中心(如边缘系统)快速接收,这些信息通过上行神经元传输到额叶以获得高级加工和解释,最后这些信息再被送回边缘系统,从而调节情绪。但对学前儿童而言,额叶和边缘系统之间的神经联系尚未完全发展,所以幼儿在面临具有挑战性的社会情境时常常表现出冲动,无法从高级加工中获得帮助。平行交流指的是大脑两半球通过胼胝体沟通的过程。左半球负责加工接受性和表达性语言,以及表达积极情感;右半球负责接收消极情感,以及表达消极情绪。因此,需要用语言表达情绪体验,并有意识地识别到它们,信息就必须通过胼胝体从右半球传递到左半球。幼儿的神经系统发育不成熟,在体验到情绪时,常无法通过语言表达出来。因此,本课程借鉴优秀课程经验,通过相关设计,如情绪表情卡、控制情绪信号灯等活动,促进垂直控制和水平交流能力的发展,以提升幼儿的情绪认识、调节和表达的能力,减少问题行为。

第二节　设 计 思 路

在遵循《教育部关于大力推进幼儿园与小学科学衔接的指导意见》《3～6 岁儿童学习与发展指南》(以下称《指南》)《幼儿园教育指导纲要(试行)》(以下称《纲要》)以及《上海市幼儿园幼小衔接活动的指导意见》的前提下,"小一步"项目以幼儿社会适应性和情绪健康发展目标为导向,以入学准备中幼儿社会-情绪能力的培养框架为结构设计课程。

一、纲领性文件对社会-情绪学习的支持及相关内容梳理

社会-情绪学习的核心能力主要有五项,包括:自我意识、自我管理、社会意识、人际交往和负责任的决策。这五项能力具体又包含若干子内容,目前已被大部分研究者认可并应用,其框架和内容见表 5-1。

表 5-1 社会-情绪学习框架及主要内容

核心能力	描　　述
自我意识	辨别和认识自我情绪;准确的自我觉察;认识到自己的优势、需求、价值观;自我效能感;精神性。
自我管理	冲动控制和压力管理;自我激励和纪律;目标的制定和组织能力。
社会认知	客观判断;移情;赞赏的多样性;尊重他人。
人际交往技能	交流、社会参与和建设;合作;谈判、拒绝和冲突管理;寻求和提供帮助。
负责任的决策	确认问题和形势分析;解决问题;评价与反思;个人、道德和伦理责任。

资料来源：根据 CASEL 官方网站提供的资料整理。

　　《纲要》将幼儿园的教育内容分为健康、语言、社会、科学、艺术五个领域,《指南》也是按此五大领域来架构其内容。根据五个领域的目标、内容与要求可知,社会-情绪学习主要分布在健康领域和社会领域。如表 5-2,健康领域中有阐述:幼儿心理情绪的健康表现是"情绪安定、愉快";社会领域凸显了人际交往、适应规则等社会能力的发展。但五大领域的内容是密不可分、相互联系的,语言、科学、艺术领域内也有社会-情绪能力的相关内容。语言领域中,语言运用于情绪理解、表达以及人际交往的沟通;艺术领域中,音乐、美术本身就是一种情感情绪的表达表现手段,都有益于心理情绪健康。社会-情绪学习的最终目的是通过发展情绪能力和社会能力来促进幼儿社会性发展和心理健康,因此若要将社会-情绪学习划分到五大领域中,它主要属于社会领域,但在实践操作的过程中,以社会-情绪学习为中心的幼小衔接教育应该融入于五大领域课程的内容中。

表 5-2 社会-情绪学习内容在《指南》和《纲要》中的体现

领域	子领域	目　标	指　导　要　点	社会-情绪能力
健康	身心状况	情绪安定、愉快	·创设温馨的人际环境,让幼儿充分感受到亲情和关爱,形成积极稳定的情绪情感 ·帮助幼儿学会恰当表达和调控情绪	自我意识:情绪体验 自我管理:情绪表达和调节
语言	口头语言——倾听与表达	认真听并能听懂常用语言;愿意讲话并能表达清楚	·鼓励和支持幼儿与成人、同伴交流	人际交往中的理解和沟通能力,清晰表达,认真倾听
社会	人际交往技能	愿意与人交往,能与同伴友好相处;具有自尊、自信、自主的表现;关心尊重他人	·帮助幼儿正确认识自己,学习初步的人际交往规则和技能 ·引导幼儿换位思考,学习理解别人 ·鼓励幼儿自主决定,独立做事,增强其自尊心和自信心 ·引导幼儿用平等、接纳和尊重的态度对待差异	人际交往态度,交往技能,自我意识,社会意识

续　表

领域	子领域	目　　标	指　导　要　点	社会-情绪能力
社会	社会适应	喜欢并适应群体生活；遵守基本的行为规范；具有初步的归属感	• 学习基本行为规则或游戏规则,体会规则的重要性 • 给幼儿一些力所能及的任务,培养幼儿责任感	人际交往态度,交往技能,自我意识,社会意识
科学	科学探究	亲近自然,喜欢探究；具有初步的探究能力	• 对周围事物和现象感兴趣 • 探索中有所发现时感到兴奋和满足 • 探究中能与他人合作交流	自我意识,人际交往技能
艺术	感受、表现	大胆表现自己的情感和体验	鼓励幼儿用不同的艺术形式大胆地表达自己的情感和理解	自我意识,自我管理

《上海市幼儿园幼小衔接活动的指导意见》以健全人格为目标对大班幼儿入学准备做了详细阐述。大班幼儿面对幼小衔接的主要发展任务包括：① 有入小学的愿望和兴趣,向往小学的生活,具有积极的情感体验；② 具有自我服务、自我保护等基本生活能力,能主动表达自己的需求和想法,乐意学习并积累与不同对象交往的经验；③ 建立初步的规则意识、任务意识,有遵守规则和独立完成任务的能力；④ 对各类学习活动形成好奇心和探索欲望,有初步的逻辑思维能力和解决问题能力,具有良好的倾听、阅读等学习习惯。因此以社会-情绪学习为中心的幼小衔接大班课程正是落实幼小科学衔接的重要途径。

二、以入学准备为目的设计大班儿童社会-情绪学习

社会-情绪学习的五大核心能力并不是独立发展的,而是相互联系、相辅相成。在将纲领性文件对社会-情绪学习的支持及相关内容进行梳理整合的基础上,"小一步"项目建构了以入学准备为核心的社会-情绪学习课程。

首先,情绪调节能力的发展是入学准备的基础。儿童的情绪调节能力会影响儿童的社会适应性、学业适应性,以及社会行为。情绪调节能力弱的儿童不善于控制自己的消极情绪,他们更可能用非建设性的策略宣泄自己的情绪(如攻击、发泄、回避),进而阻碍其与同伴的交流,表现出更多的问题行为,因此得到教师较低的社会能力评价。幼儿的情绪调节能力(如注意控制)越强,其同伴接纳程度就越高,面对引发消极情绪的同伴冲突情境时就越可能使用建设性的情绪调节策略。情绪调节还能预测孩子日后的课堂适应(如学业进步,课堂中的合作与参与,发起交往,喜欢学校等)。研究者通过观察学前儿童在课堂中的情绪调节,发现消极的情绪表达与教师评定的儿童的坚持性以及学习态度呈负相关,情绪调节不良与教师评价的学习动机呈负相关。儿童情绪能力的每一个构成要素都很重要,它们共同服务幼小衔接阶段幼儿的社会性发展。

其次,幼儿社会领域学习与发展的实质在于社会化,即社会性不断发展并奠定健康个性的基础。人际交往技能和社会适应性是幼儿社会-情绪能力发展的主要内容,也是基本途

径。入学准备作为一种最终结果,情绪管理能力是基础,其他社会能力起辅助作用。不论是作为发展结果的反映,还是作为内在发展要素,社会适应都显得尤为重要。

以上述理论为基础,本课程以入学准备为目的,将社会-情绪能力梳理为三大能力。第一是情绪管理能力,即情绪理解和情绪调节能力,包括理解自己的情绪和他人的情绪,理解情绪对他人的影响,能够适度调整自己的情绪,控制消极情绪;第二是人际问题解决能力,让儿童学会自主解决人际交往中遇到的问题;第三是亲社会行为,包括倾听沟通、发展友谊等行为技能。"小一步"幼儿课程以此三大能力作为主要发展目标和内容结构框架。

第三节　课程目标

"小一步"幼儿课程的目标是学前教育目标的下位概念,也是其具体化的体现。课程目标根据对儿童发展、社会-情绪学习、教育部《指南》等学前教育纲领性文件的研究而制定。同时,我们还必须把握儿童的个体差异以及最近发展区,以便能根据儿童的情况及时有效地制定和调整目标。

"小一步"幼儿课程的总目标是通过在幼儿园实施该课程提高幼儿社会-情绪能力的发展,从而提高大班儿童入学准备水平,顺利实现幼小衔接。情绪管理能力是幼儿社会适应的基础,人际问题解决能力和亲社会行为是入学准备的必要条件,因此本项目的总目标下设三个主要发展目标,即情绪管理能力、人际问题解决能力、亲社会行为(见表5-3)。

表5-3　主要目标和具体目标

总　目　标	主要发展目标	具体发展目标
促进幼儿的社会-情绪能力发展,提高幼儿入学准备水平	情绪管理能力	(1) 理解情绪的成因和结果 (2) 运用认知和行为策略来调节情绪
	人际问题解决能力	(1) 建立友谊,主动并正确发起交往 (2) 尊重和接纳他人的观点 (3) 通过语言沟通解决人际冲突
	亲社会行为	(1) 协商并遵守基本的社交规则 (2) 分享、关怀、安慰、合作、帮助、共情等

一、发展幼儿情绪能力

1. 理解情绪的成因和结果

能够根据情境分析情绪原因,理解情绪和行为的关系,以及对他人的影响。能分析情绪诱因并调整自身和他人的情绪状态,这是参加集体活动和社会交往的基础。

2.运用认知和行为策略来调节情绪

对情绪的唤起和表露进行有意识地控制与调节。学会在受挫的时候转移注意力,如生气愤怒时冷静下来,学会在恐惧时有意识地调节。尔戈尔曼在《情感智商》中提到,心理学家齐尔曼通过实验研究得出结论:平息怒气有两种方法,一是对引起怒气的事件进行反思,二是通过分散注意力来冷静。黛安娜泰斯的研究也证明平息怒气的十分有效的方法就是走出去,单独待一会儿,或者做做深呼吸等肌肉放松训练,看电视、看书等活动都可以有效地转移注意力来平息怒气。

二、发展人际问题解决能力

1.建立友谊,主动并正确地发起交往

有研究表明,被忽视儿童最主要的社会交往特点就是不主动去接近同伴、交朋友,对该类幼儿进行如榜样示范、行为模仿、及时强化等行为训练则可以增加他们的社会交往能力,提高同伴交往水平。被拒绝的儿童不缺乏主动交往的行为,但是缺乏对社会交往的正确认知①。如果儿童具有与新认识的人交往的社交知识,他们被同伴接纳的可能性就较大②。幼儿在人际交往中经常会遇到一些问题。比如,如何建立新的友谊、解决人际冲突等。5~6岁大班幼儿即将升入小学,面对全新、陌生的人际环境,他们需要掌握解决人际问题的不同办法和策略。

2.尊重并接纳他人的不同观点

倾听、尊重和接纳他人的观点,能站在他人角度思考,了解和体会他人的感受与他人的想法,并通过语言沟通解决人际冲突。

3.通过语言沟通解决人际冲突

一旦发生冲突,首先应该让孩子了解冲突为什么会发生,然后正确地调节自己因冲突而产生的情绪,再用语言作为思考问题的中介物,寻求更好的解决办法。解决问题的基本步骤:① 发生了什么事;② 你的感受以及别人的感受;③ 思考解决问题的办法;④ 选择最好的解决办法。

三、增进幼儿亲社会行为

1.协商并遵守基本的社交规则

幼儿要学习成为团体的一分子,首先是要发展社会意识,了解社会所接受的规则,认识规则的重要意义是为了更好地与他人相处。规则主要包括三方面,一是学习时的规则——认真听讲,积极思考,主动回答问题,遵从指令;二是与同伴相处的规则——有礼貌、友善、助人;三是游戏的规则——轮流、合作等。

2.分享、关怀、安慰、合作、帮助

很多研究证明,亲社会行为具有一定的稳定性,学前时期能养成的慷慨、助人、友好的亲

---

① 王争艳,王京生,陈会昌.促进被拒绝和被忽视幼儿的同伴交往的三种训练法[J].心理发展与教育,2000(1):6-11.
② PUTALLAZ M, GOTTMAN J M. An interactional model of children's entry into peer groups[J]. Child development,1981,52(3):986-994.

社会行为,在其长大之后仍然将保持这些特质。通过移情和观点采择的练习来增加儿童的亲社会行为动机。分享——让孩子了解在集体生活中需求和欲望可能无法如愿,在教室里必须和他人共同分享资源(玩具、积木、材料等);安慰——当同伴悲伤时,学习用一些小技巧去安慰同伴,如给他(她)拥抱、拍拍背,分享食物和玩具,一起玩游戏等。

第四节　课程实施

在进行课程内容选择时,除考虑情绪智力与社会能力的具体内容之外,还必须考虑幼儿生活实际、幼儿园和教师的具体情况等因素。如课程的开发要遵循幼儿发展优先的理念,其内容的选择,也是建立在激发教师兴趣及专业能力的基础上。通过多种方式方法收集、整理、分析、筛选,然后进行必要的改编,最后设计课程,付诸实施,并对实施情况进行讨论,寻求不断改善的策略。在不影响幼儿在园一日常规作息的前提之下,"小一步"项目通过三种途径开展以社会-情绪学习为中心的幼小衔接教育。这三种课程实施路径涵盖了幼儿在园一日活动中的学习、游戏、生活等板块。

一、"小一步"项目幼儿课程内容

社会-情绪课程内容经由研究者与骨干教师仔细、认真地筛选和整理,在与儿童的实际互动中,由教师团队反复改编、调整(见图5-1)。课程开发者以图画书为切入点,大量收集有关情绪、社会技能等方面的经典、优秀儿童图画书,并根据课程目标的五大维度对这些图

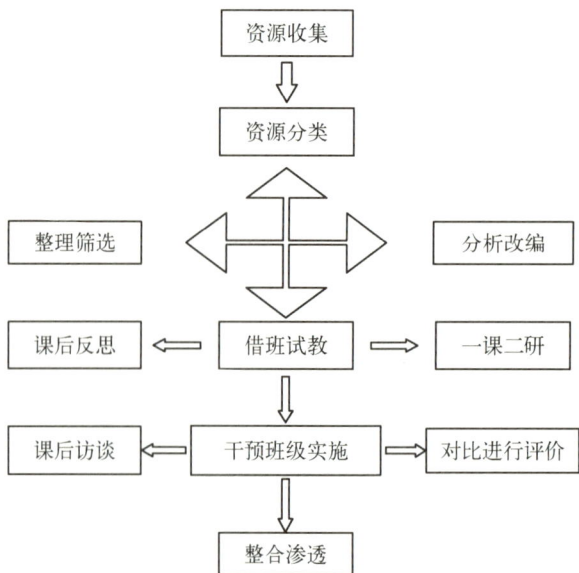

图 5-1　幼儿社会-情绪学习课程内容选择流程图

画书进行整理、分类,对其中不符合本土文化价值背景的内容进行分析和改编,形成教案初稿并进行试教。同时,加入与图画书主题相匹配的游戏活动,使课程高低结构平衡。除此以外,幼儿社会-情绪课程也在生活方面进行了拓展,包括社交礼仪、班务班规、生活与行为习惯等方面的内容。

图画书是幼儿早期接触的第一种文本类型,图画充满乐趣,文字简明易懂。为了更好地切入活动的主题,教师在每节课中都选取和本节课内容有关的图画书进行教学。图画书既作为每节活动课主题的导入部分,也是本节活动课的主体内容。在挑选图画书的时候,首先着眼于内容贴近儿童生活、能够充分达到共鸣效果的图画书;其次,倾向于选择带给幼儿正面积极影响的图画书,利用书中所塑造的健康形象改善儿童的情绪,启发他们采取正面积极的态度应对困难;最后,选择可以让儿童学习正确社交技能以及问题应对策略的图画书。幼儿学习此类图画书,能够习得解决问题的方法,使得图画书充当了指南的角色。

基于社会-情绪学习课程的要求,课程组织应遵循逻辑性与非逻辑性相统一、丰富性与关联性相统一的原则。

传统课程内容是遵循学科逻辑进行组织的,可使知识层次分明、条理清晰,便于儿童循序渐进地理解、掌握,发展儿童的逻辑思维和判断能力等。但学科逻辑若向极端化发展,课程将背离儿童的生活逻辑、心理逻辑,造成儿童单向度化等畸形发展。社会-情绪学习课程基于儿童文化背景,其课程内容直接来源于儿童的生活世界,必须采取儿童易于接受的非逻辑性原则组织课程。同时,为了避免停留于对社会技能表象的习得层面,更为了儿童思维、逻辑和判断力的发展,还必须考虑课程组织的逻辑性原则。因此,课程组织的原则之一是逻辑性与非逻辑性相统一。

选择丰富多样的课程内容,采取多样化的教学手段,运用多元化的评价方式,不断增加儿童的学习机会,更新其学习方式等,这些都进一步体现了课程组织的丰富性。丰富性并不意味着杂乱无序,而应是多而不散、有理有序。所以,课程组织还必须秉承关联性,即课程组织与儿童生活紧密联结;课程组织与各个领域和各个角色紧密联结。因此,课程组织的原则之二是丰富性与关联性相统一。

"小一步"幼儿课程,基于上述课程内容及选择原则设计共包括五个单元,总共20个课时,五个单元分别是:① 情绪理解与调节;② 沟通接纳与尊重;③ 友谊的发起与维持;④ 解决人际冲突;⑤ 协商与遵守班级公约。每个单元既分别完成课程目标又相互有机联系,形成逻辑性与非逻辑性的统一,丰富性与关联性的统一(见表5-4)。

表5-4 儿童社会与情绪课程内容

课程单元	单 元 目 标	教学活动	具体活动目标
第一单元情绪认知与调节	(1) 情绪识别与理解:认识基本情绪,知道不同情绪的名称,能够根据情绪表情和身体反应说出情绪 (2) 能够根据情境分析情绪	第1课认识各种情绪	(1) 知道每个人都有多种情绪,学习接纳各种情绪 (2) 能根据他人的表情、身体反应线索和情境识别情绪,命名除基本情绪以外的多种常见情绪(如焦虑)

续　表

课程单元	单 元 目 标	教学活动	具体活动目标
第一单元 情绪认知 与调节	产生的成因及后果 (3) 有效调节和合理表达情绪:学会调节消极情绪的方法	第2课 理解他人 的情绪	(1) 能根据情境故事敏锐觉察他人的不同情绪 (2) 能说说他人情绪成因的推断过程
		第3课 安慰他人	(1) 尝试体会他人的感受 (2) 学习关爱与安慰的适宜表达方式
		第4课 积极面对恐惧	(1) 理解恐惧情绪产生的各种原因,知道产生恐惧情绪是正常的 (2) 愿意与同伴一起积极讨论缓和恐惧情绪的办法
		第5课 情绪的调节 与改变	(1) 能意识到自己的情绪,并说出自己的情绪感受 (2) 学习调节消极情绪,练习情绪调节的方法
第二单元 沟通接纳 与尊重	(1) 积极倾听,知道倾听的意义和方法 (2) 学习接纳和尊重他人的不同观点,知道每个人都有自己的想法 (3) 学习通过语言沟通来解决人际问题,能够大胆说出自己的感受,并理解他人的感受	第1课 积极倾听	(1) 知道认真倾听的意义 (2) 学习积极倾听的方法
		第2课 接纳和 尊重他人	(1) 认识人与人之间的不同,知道别人与自己观点不同是正常的 (2) 知道要尊重别人的观点,尝试理解别人的不同感受
		第3课 沟通与协商	(1) 会用语言沟通的方式解决人际冲突 (2) 学习与同伴一起协商解决常见人际问题
第三单元 友谊的发 起与维持	(1) 学习建立新的友谊,提高交友的主动性和积极性 (2) 学习维持友谊的方法,为即将来临的分别做好准备 (3) 学习分享、帮助、关心与安慰的合适表达方法	第1课 好朋友	(1) 理解孤独/寂寞的情绪,有想要找朋友的愿望 (2) 能说说自己与朋友之间的小故事,体会友谊的宝贵
		第2课 找朋友	(1) 知道如何正确地发起交往 (2) 当主动发起交往被拒绝时能够调节自己的情绪,想一想被拒绝的原因
		第3课 分享	(1) 学习大胆、主动地交朋友 (2) 理解分享的意义和方法
		第4课 助人	(1) 能够发现别人的需求,愿意主动给予帮助 (2) 理解"帮助"的意义:让别人开心,也让自己快乐
		第5课 安慰	(1) 知道他人在情绪不好时,需要安慰:悲伤时、着急时、失落时、孤单时、生气时、害怕时 (2) 了解安慰别人的方法

续 表

课程单元	单 元 目 标	教学活动	具体活动目标
第三单元 友谊的发起与维持		第6课 学习分别	(1) 理解维持远距离友谊的方法,积极面对分别 (2) 解决维持友谊和结交新朋友的问题
第四单元 解决人际冲突	(1) 能够控制和调节自己情绪,运用解决问题的四步骤解决不明原因的冲突 (2) 当与好朋友发生争吵时,会用和平的方式和好	第1课 面对冲突	学习解决问题的四个步骤,积极调节自己的情绪
		第2课 朋友的朋友	尝试接纳新朋友:面对朋友的朋友,要学会接纳
		第3课 生气与和好	在和朋友生气的时候,能够调节情绪,主动与朋友和好
第五单元 协商与遵守班级公约	(1) 学习遵守基本的社交规则(礼貌、轮流、等候、请求等) (2) 学习做负责任的决定,具有班级小主人翁精神	第1课 交往的规则	(1) 遵守基本的社交规则(礼貌、轮流、等候、请求) (2) 理解礼貌的重要性
		第2课 学做小主人	(1) 理解班级公约的意义与重要性 (2) 会与同伴协商制定并遵守班级公约
复习与巩固			

1. 第一单元——情绪理解与调节

目标细化:① 发展幼儿的情绪理解能力。具体包括:识别各种情绪;理解情绪的成因及结果,根据图片情境和故事情景分析情绪产生的原因;知道每个人都有多种情绪,并且有时候可以同时拥有不同的情绪;通过图画书故事,学习仔细观察他人情绪表情和行为反应线索,敏感觉察他人的情绪,训练移情能力;理解情绪与行为的关系,知道各种情绪都是可以被允许的,但并不是所有的行为都是可以被允许的。② 发展幼儿的情绪调节能力。具体包括:鼓励孩子用适当的行为表达情绪;学习调节消极情绪的方法,当感到伤心、害怕时,通过想开心的事来转移注意力,减少消极情绪的强度和维持时间。

2. 第二单元——沟通接纳与尊重

目标细化:学习有效的沟通与交流。① 学习倾听。幼儿需要了解为什么要倾听,以及怎样积极倾听——眼睛注视对方,注意力集中,认真思考听到的内容。② 学习接纳和尊重他人的看法,知道每个人都有自己的想法、不同的感觉,即使不同意别人的看法,也要努力尊重别人的观点。通过表演游戏、角色游戏等方式培养孩子理解他人观点的能力,同时鼓励孩子大胆表达自己的想法,能够谈论自己的想法和感受。③ 通过语言沟通解决人际冲突,学习共同协商解决问题的办法。

3. 第三单元——友谊的发起与维持

目标细化:① 学习建立友谊,积极主动发起交往。学会观察想要加入的群体,了解他们交流的主题,或尝试给予一些帮助或赞美式的评价。② 积极面对即将到来的毕业分离,学

习用各种方式维持友谊。③ 学习用亲社会行为方式去建立和维持友谊,包括分享、帮助、关心与安慰。让孩子了解这些亲社会行为的意义,学习用适宜的行为方式表达。

4. 第四单元——解决人际冲突

目标细化:学习采取积极的行为方式解决幼儿交往中常见的三种人际冲突:① 解决集体生活中不明原因的冲突。学习在发生问题时能控制调节自己情绪,并运用解决问题四步骤思考解决问题的方法;② 解决与朋友相处中发生的争吵和冲突,认识友谊的重要,通过相互道歉化解冲突,和好如初;③ 解决维持友谊和结交新朋友的问题,如当自己的朋友又有了新朋友时会化解失落感,积极结交新朋友。

5. 第五单元——协商与遵守班级公约

目标细化:① 学习遵守基本的社交规则,如礼貌、轮流、等候、请求等,明白遵守规则的意义。② 与班级同学协商制定符合自己班情的班级公约,学习做出负责任的决策,培养班级小主人翁精神。

二、实施方法

在不影响幼儿在园一日常规作息的前提之下,"小一步"项目通过三种途径开展以社会-情绪学习为中心的幼小衔接教育。这三种课程实施路径涵盖了幼儿在园一日活动中的学习、游戏、生活等板块(见图5-2)。集体教学活动以图画书为载体,针对各单元具体课程目标开展集体教学活动;游戏活动分为两部分:在每次集体教学活动结尾处由教师组织的游戏活动,包括幼儿自主进行的角色游戏;一日生活与班务活动主要指教师有针对性地观察幼儿一日活动中相关事件,并通过班务活动共同学习和提高社会-情绪能力。以下,分别用若干范例对这三种活动途径的实施情况进行阐述。

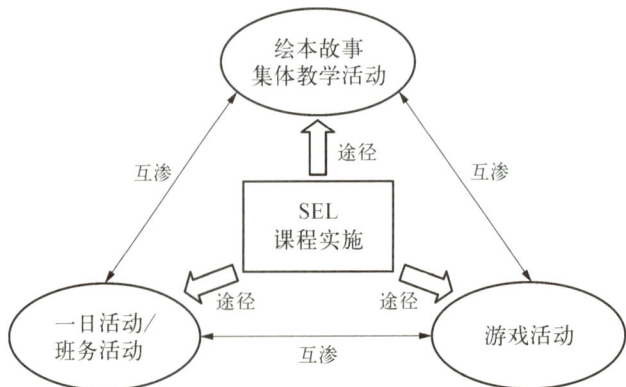

图5-2 以社会-情绪学习为中心的幼小衔接教育实施途径

1. 社会-情绪学习集体教学活动

在为期10周的以社会-情绪学习为中心的幼小衔接教育中,实验组班级进行了20次集体教学活动。集体教学活动每周实施2次,每次30分钟,借助图画书、游戏、多媒体视频、木偶等中介物,采用故事导入、图片讲解、谈话、角色扮演、游戏练习等形式进行。导入部分以情绪儿歌等内容激发幼儿的兴趣,再出示图片,引导幼儿展开讨论,在讨论中融合教师讲解;主体部分进行图画书阅读与讨论;结束部分采用游戏、角色扮演等方式练习所学技能,进行强化巩固。

● 导入部分——音乐游戏热身

运用音乐游戏作为课前热身,既能吸引幼儿的注意力,也能让幼儿对接下来的教学活动产生兴趣,做好情绪准备。在播放歌曲的选择上,选用和课程内容相关的儿歌,让幼儿学习跟唱。如在第一单元学习"情绪",选取儿歌《幸福拍手歌》的旋律,教师根据单元目标和具体课程内容修改歌词"如果感到幸福你就拍拍手,如果感到生气你就踩踩脚,如果感到紧张你就伸伸腰,如果感到害怕你就抱抱我。"歌词的内容与单元目标中所要识别的情绪相契合,也让幼儿理解到情绪可以通过动作来疏导,可以通过识别表情和动作了解别人的情绪。游戏和音乐相结合,如在第三单元第2课找朋友,采用"丢手绢"的音乐游戏作为热身活动,让幼儿体验到找朋友的乐趣。

● 主体部分——图画书共读与讨论

幼儿主要通过模仿和练习学习社会性知识。幼儿的形象思维特点要求活动内容要直观、生动、有趣,因此本课程在主体部分采用图画书阅读与讨论的形式。图画书是幼儿接触的第一种文本类型。它通俗易懂,图画充满乐趣。本研究的主题是"幼小衔接阶段儿童的社会-情绪能力提升",图画书的内容应与本课题的内容有关。因此,在挑选图画书的时候,选择内容通常遵循三条原则。首先,故事内容应贴近儿童生活,能够充分达到共鸣效果。图画书作为一种"引子",能够将儿童生活中的问题给牵引出来。配合教师适当的解读,创造更多课堂互动和发言的机会,让儿童能在图画书的基础上谈一谈自己的感受。其次,图画书要给孩子正面积极的影响。正如德纳姆等[1]提出的,用图画书、故事作为载体所展开的教学活动能协助孩子透过思考,了解自己和他人情绪,并通过书中所塑造的健康自我形象,改善幼儿的情绪,使其免受情绪困扰。图画书阅读活动可以健全幼儿的社会-情绪,使之能够得到全面发展。启发他们在遇到困难的时候采取正面积极的态度去应对。最后,儿童通过图画书的学习可以学习正确的社交技能以及问题应对策略。正如班杜拉社会学习理论中所提到的那样,人的复杂行为通常是后天习得的。而行为习得有两种途径:一种是直接经验的学习,另一种是间接经验的学习,就是我们常说的观察学习。在阅读图画书时,书中的画面和内容会对儿童的行为起到示范的作用。幼儿通过对此类图画书的理解,能够获取解决问题的方法,书本会对他们起到一个指引的作用。

因此在选取图书时,参考的重要指标之一就是书中所提供的问题解决策略。根据以上筛选原则,在与教师团队充分研讨之后,本研究选取了20本图画书,并根据课程目标对部分图画书的情节内容进行了改编。图画书教学采用"观察—共读—讨论"的形式进行:首先,让幼儿观察图画内容,自己思考图片中情境的意义,教师可以采取引导式提问;然后,幼儿听教师读故事内容;最后,针对相关内容情节进行讨论。

---

① DENHAM S, KOCHANOFF A T. Parental contributions to preschoolers' understanding of emotion[J]. Marriage & Family review,2002,34(3-4):311-343.

● 结束部分——游戏活动练习巩固

在课程结束部分，我们加强了相关社会与情绪技能的练习，通过游戏活动强化儿童对知识的理解，并促使其内化吸收。游戏包含了多种象征性和认知性活动，在互动中幼儿能够认识并练习人际互动交往中的恰当行为，并且也有机会理解他人的想法，体验不同角色及其行为后果。

如在"情绪理解与调节"单元中，可以通过情绪表情的表演来帮助幼儿练习识别他人的情绪，以此巩固幼儿对"所有情绪都是可以的，但不是所有行为都是可以的"的认识。

活动案例 1

集体教学活动《菲菲生气了》

活动目标：

(1) 懂得在生气的时候，不能做出伤害他人、伤害自己的行为。

(2) 能够识别情境中的多种情绪感受。

(3) 能用多种策略让自己的强烈情绪平静下来。

活动准备： 绘本《菲菲生气了》；幼儿生气时的照片。

活动过程：

一、热身活动：面条游戏(学会让自己平静下来)

在面条游戏中练习并学会让自己紧绷的身体放松下来。玩游戏时，要集中注意力感受自己的身体反应。

游戏规则：请孩子们站起来，彼此之间的距离必须大到让每个人都有足够的空间躺在地板上。

"所有小朋友站直，绷紧肌肉，就像没煮的干面条一样坚硬。现在，假设我们开始煮面条了。我们开始慢慢变软，越来越软，软得站不起来了。最后，我们躺在锅底了。现在来做三次腹式呼吸。腹式呼吸能让你放松。现在，你彻底变得又松又软了，整个身体都放松了。"如果时间足够，可以走一圈，把孩子的胳膊举起来，轻轻地甩一甩，检查他们是不是被"煮熟"了。在真正的放松状态下，他们的胳膊是可以被轻松摆动的。"现在做起来，保持放松状态。"

二、学习活动：绘本故事《菲菲生气了》

故事梗概：这是菲菲。她正在高兴地和玩具大猩猩玩耍。姐姐突然跑过来一把抓住大猩猩，用力地夺走了大猩猩，菲菲跌倒在地上。

1. 说一说：情绪的感受与反应

识别事件中的情绪：想想菲菲是什么感受？我们是怎么看出来的呢？请幼儿说说他们的想法。(生气：她握紧了拳头，她在跺脚、大喊，她的头发都竖起来了。伤心：她摔倒了，很痛的。委屈：妈妈跟姐姐站在一边。)

"每个人表达情绪的方式都不相同。有些人会大声喊出来，弄出很大的动静；有人会默不作声。有时候你觉得有一点点生气；有时候你觉得非常生气。如果你非常生气，说明你产生了强烈感受。"

识别生气时的情绪感受:"菲菲生气的时候,她涨红了脸,心跳加快,两只胳膊上的肌肉紧绷起来。我生气的时候,身体会怎么样? 描述你生气时感受到的身体反应。如果你现在生气了,请给我看看你生气的时候脸上和身体上会是什么样呢?"给孩子留出时间做生气的反应。"注意感受你自己的身体。有谁能告诉我,你身体哪个部位有生气的反应呢?"请幼儿尝试回答。

2. 议一议:面对情绪的做法

讨论不合适的行为。"每个人都有生气的时候,这是生活的一部分。但是生气的时候,打人、踢人、骂人、大喊大叫、推人等伤害他人的行为都是不对的。"

引导幼儿进一步思考为什么伤害行为是不对的。(这种行为会从身体上或心理上给别人造成伤害。)

三、练习活动:平复感受

"现在,我们假装自己产生了强烈的感受。我们练习把双手放在肚子上,识别身体感受,说'停一停',并说出自己的感受。"

为幼儿读某个情境,请他们识别该情境下的情绪。

情境1:最喜欢的玩具坏了。

情境2:你在剪纸时把作品剪坏了。

情境3:轮到你滑滑梯时,有人抢了你的位置。

教师示范把双手放在自己的肚子上,说"停一停",并说出自己的感受。

让幼儿跟着教师,说出他们自己的感受。

请1～2位幼儿自愿来做示范。

小结:"今天我们学习了,当我们生气时身体会有什么反应。当我们生气时,可以伤害他人的身体或感情吗? 生气的时候要平静下来,才不会做出伤害行为。一旦我们感到生气了,就要立即想办法让自己平静下来。"

四、延伸活动

在家中和父母一起共读《菲菲生气了》,找找看还有什么让自己平静下来的好办法。

活动案例 2

游戏活动"我来演,你来猜"

1. 看图猜情绪。图上有哪几只情绪小怪兽? 你是如何猜出来的?

2. 老师演,幼儿猜。老师演出以下情绪,请幼儿们猜。

眉头挤在一起,双手紧握,脸通红,鼻子不停地哼出声。(生气)

眉毛耷拉着,嘴巴向下,鼻子一吸一吸。(伤心)

3. 幼儿演出,同伴们猜。

活动案例 3

游戏活动"像蛇一样呼吸"(腹式呼吸)

请幼儿来学习像蛇一样呼吸。把嘴唇圈成圆形,像用吸管喝水那样慢慢地吸气。吐气的时候,像蛇一样发出嘶嘶声。"嘶——"拖得越长越好。再慢慢吸口气,好像用吸管吸气一样。再吐气的时候,仍像蛇一样发出嘶嘶声。再试一次,慢——慢——吸气,然后"嘶——"地把气吐出来。坐直身体,再一次慢慢吸气,然后全部吐出来。

活动案例 4

游戏活动"镜子技术"(唤起快乐情绪)

孩子两人一组,相对而坐。幼儿1做出各种快乐的情绪,幼儿2作为镜子模仿幼儿1的各种表情,接着互换角色。

讨论:当你看到"镜子"的情绪时,你的感受是什么?

在努力做各种快乐的表情时,你的情绪有变化吗?

小结:当我们内心装着某种情绪,身体模仿着某种情绪时,我们可以真正获得这种情绪。当我们想要开心,赶走坏脾气精灵的时候,可以利用照镜子的方法,挺起胸膛,深吸一口气,然后唱一段欢快的歌曲。

2. 社会-情绪学习游戏活动

游戏活动主要分为两部分。首先,在每节集体教学活动的结尾处设置有游戏环节,目的是根据不同主题以寓教于乐的方式加深儿童的体验与感受,丰富课堂活动形式。这样的设计有助于儿童在课堂上体验到交往的乐趣,并重点培养他们的情绪认知与社会性行为。活动中使用的游戏大部分为规则游戏。规则游戏是为实现指定的教学目标而专门编制的、以规则为中心的游戏。在规则游戏中蕴含着儿童社会性发展及认知的机会。第二,观察幼儿在园期间自主进行的角色游戏。儿童在自主、自发、自由的角色游戏过程中能够认识并练习人际互动交往中的恰当行为,并且也有机会理解他人的想法、体验不同角色及其行为后果。

观察案例

教师对幼儿角色游戏的观察记录

【观察】

今天孩子们在玩角色游戏,正当他们高兴地玩着游戏时,突然我听到了一声刺耳的喊叫声,"小小没给钱就把薯片拿走了。""快抓小偷!"我还没反应过来呢,超市里的"工作人员"萱萱马上冲到了娃娃家里,揪住了正在做客的小小。这时,娃娃家的"妈妈"蒋蒋连忙问为什么要抓住她们的客人。萱萱生气地说道："她偷我们的东西！她没给钱就拿走了！快把东西放回去！"原来，银行取款机里没钱了，可是小小又想到娃娃家做客，于是就在超市外面伸手拿了罐薯片。正想着孩子们会怎样处理这件事，突然，蒋蒋温柔地对着小小说："小小，你不买东西也可以来做客的，我们娃娃家欢迎你，但是不付钱是不能拿超市里的东西的，你快去还掉吧。"小小听了，高兴地点了点头，马上把薯片还回了超市。萱萱也跟着回到了超市。

【反思】

在观察幼儿如何解决纠纷的过程中，作为旁观者，我欣喜地看到幼儿已经具有了初步解决问题的能力。但究其原因，我也有一定的责任，银行取款机里不应该出现没有钱的情况。所以，我马上又为银行补充了些"钱币"，让幼儿可以不再为没钱而烦恼。其次，导致此次事件的另一个原因是幼儿的角色意识不强，也没有很强的社会意识。在游戏结束后，我和幼儿一起讨论了去超市应该注意哪些问题，遇到问题如何和同伴一起想办法协商解决。

在角色游戏中，儿童有机会与同伴协商、沟通，在不知不觉中为了共同的目标而展开交往和互动。因此，本研究将幼儿自主发起的角色游戏也作为课程实施途径之一，教师在突然状态下观察，了解每个幼儿真实的社会性行为表现与情绪智力发展水平。

3. 社会-情绪学习与在园一日生活

一日活动是儿童每日从入园、进餐、饮水、如厕、盥洗、午睡、自由活动、离园等环节的活动总和。在时间分配上，一日活动与集体教学活动、游戏活动相比，占比极大。社会-情绪和人际交往技能在每日生活中都能体现，因此在一日生活中，幼儿能够随时随地使用并练习自己所学技能。另一方面，教师可结合大班班务活动，对所观察到的幼儿一日活动中的相关事件与问题进行梳理和指导。这不仅能帮助儿童获得一定的生活技能，养成正确的生活态度，更能促进儿童良好个性的形成，树立正确的生活观、生命观等。一日生活中的学习是一种耳濡目染、潜移默化的自然习得过程，其目的明确、易懂，与幼儿的实际生活需要息息相关。幼儿可以通过发现问题和尝试自己解决问题来进行学习，他们拥有自主、自治和互助的机会，也有反复练习的机会。一日生活环节是教师观察了解幼儿的有利时机。以下以一则教师对大班班务活动的反思为例。

反思案例

《班级公约给我的启发——孩子的自我评价》

刚升入大班，孩子们对自己有了新的要求，大家一起讨论在班级里要遵守哪些规则。大家你一言我一语地谈论着，突然，石嘉辞说道："我有一个提议，我们把想到的都画出来，就叫做我们的约定，把这些画出来的画贴在墙上，大家一起给它起个名字，我们都要遵守。""那就叫我们的约定吧,同意吗?"邱亦晗大声地说道,"同意,同意",大家都应和着。我们大二班的班级公约就这样形成了,孩子们先是想到什么就说什么,后来把说到的画出来,最后大家进行了分类,把同一个时间段的放在一起,或者把同一个活动的放在一起。在整个讨论的过程中他们不断地提出新的观点,认同别人的观点,最后达成了一致。

在一日活动中,总能看到三三两两的孩子站在这面写有"我们的约定"的墙前,指指点点。起初,我不知道他们在干什么,后来我发现他们是自己在约束自己,当一个小朋友看到有其他小朋友在有屋顶的地方奔跑时,就会去提醒这个奔跑的孩子,让他去看看"我们的约定",他就立刻知道自己违反规则了,就会很主动地改正。在这个过程中,孩子学会了自律,也开始有了初步的自我管理意识。

一段时间后,孩子们把已经做得很好,并且不需要再提醒的约定,从墙上拿了下来,把当下存在的问题放到了墙上。这个过程中,孩子们在无形中进行着对自己和他人的评价,对自己和同伴的要求也越来越高了,大家都积极去帮助同伴改正错误。

班级公约这个班务活动,体现在情绪管理上,是自我约束的一个动作。在小朋友情绪转化、稳定、认同、释放的过程中,约束是一个很重要的环节。

从上述活动反思中不难发现,一日生活各环节中蕴含了涉及社会-情绪领域发展的契机。一日生活可以是课程的切入点,班务活动也能成为以社会-情绪学习为中心的幼小衔接教育的重要实施途径之一。

第五节　课程评价

学前教育课程评价应为儿童提供服务、促进课程的进步。以社会-情绪学习为中心的幼小衔接教育评价的核心是儿童和教师,其评价过程是社会与情绪课程的运行和发展的过程,是教师展开教育活动的过程,更是儿童进行学习与发展的过程,因此,评价的终极目的是促进儿童的发展。"小一步"项目幼儿课程评价内容主要包括幼儿情绪理解能力、孤独感、亲社会性、师幼关系、社会能力与行为等。确定社会-情绪学习课程评价环节时应充分考虑以下需求:评价主体的多元性、评价方法的多样性、评价内容的丰富性等。同时需要重点关注评价方法的适宜性(见图5-3)。

一、评价主体的多元性

评价主体的多元性是指参与评价的人是多元的,不仅包括教师,还包括幼儿个体或群体、幼儿家长及其他相关人员。参与评价的主体越多元,对儿童发展越有利,也越有助于教

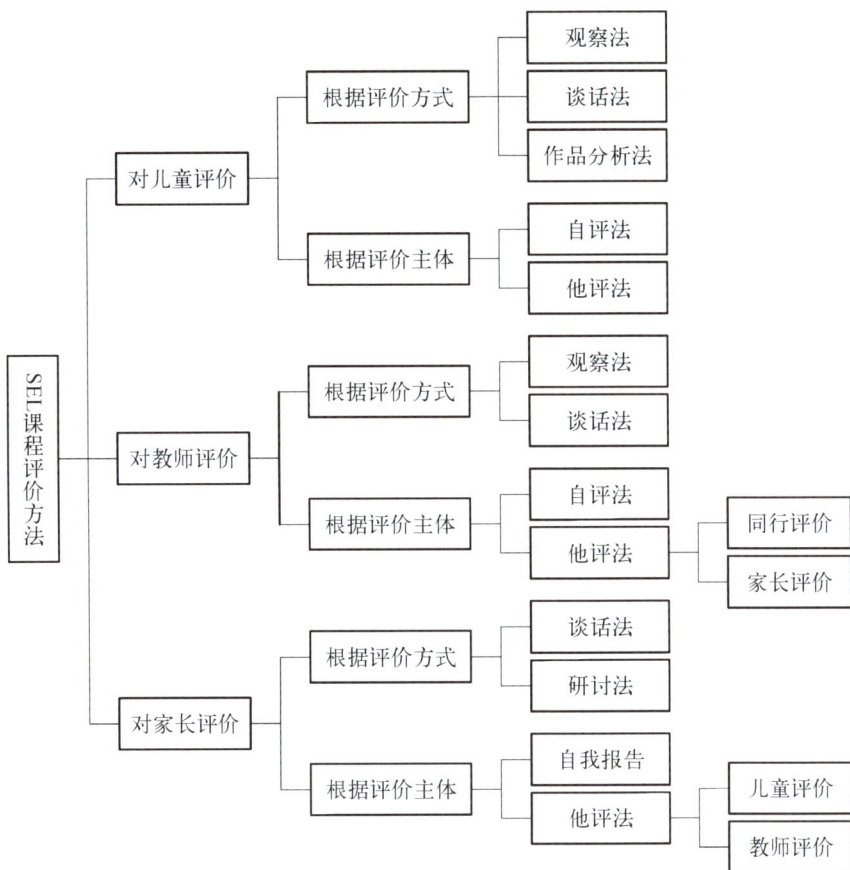

图 5-3 以社会-情绪学习为中心的幼小衔接教育评价方法

师专业成长。如可采用随机抽样的方法,在每个班抽取 15% 的幼儿家长作为访谈对象,通过集体访谈(即座谈会)对课程实施中幼儿的发展情况进行评价。

二、评价方法的多样性

解释世界的方式是多样的。总体来说,课程评价的方法可分为定性评价与定量评价两大类别。"小一步"项目采取全球普遍推崇的定量与定性分析相结合的方法进行课程评价。例如,采用观察法,教师有意识地观察幼儿的行为表现,并即时记录,通过观察以即时了解幼儿的社会-情绪能力;采用档案法,根据幼儿在园活动情况,教师有意识地将幼儿的相关作品及其相关证据收集起来,合理地分析与解释幼儿在学习与发展中的优势与潜能。

三、评价内容的丰富性

课程评价必须与当下的课程场景相结合,不是为评价而评价的纯粹性活动。幼儿应成为评价的核心,幼儿情感、态度、价值观的形成,以及幼儿对课程的适应情况等都是评价的重要内容。此外,对于课程目标、内容、实施等环节的评价以及对参与课程的教师及相关人员的评价也是评价内容的组成部分。

第 六 章

"小一步"大班教师社会-情绪学习课程

人类生态学理论创始人布朗芬布伦纳指出,人的发展是人与环境的复合函数,幼儿发展是其所处的生态环境作用的结果。家庭以及托幼机构是幼儿成长过程中生态环境的重要组成部分。《指南》也指出:家庭、幼儿园和社会应共同努力,为幼儿创设温暖、关爱、平等的家庭和集体生活氛围,建立良好的亲子关系、师幼关系和同伴关系,让幼儿在积极健康的人际关系中获得安全感和信任感,发展自信和自尊。基于对上述理论及指导精神的认同,本章及第七章将重点探讨教师与家长的社会-情绪学习,思考如何将课堂延伸到园所、家庭、社区,在社会生态视野下构建以社会-情绪学习为中心的幼小衔接教育环境;思考如何形成教师、家长、儿童"三位一体"的课程模式,以此来提高幼儿的社会-情绪能力,使他们进入较理想的入学准备状态。

第一节　　理论基础

正如本书第二章中所述,社会-情绪学习对学生及教师双方均产生影响。研究结果显示,教师实施社会-情绪学习课程的过程有助于降低职业倦怠感的发生;教师对社会-情绪学习的信念有助于提升其对专业的投入程度;教师对社会-情绪学习技能的掌握程度与职业倦怠感呈负相关,与工作满意度呈正相关。社会-情绪学习不仅影响课堂内外的师生关系,还对教师之间的人际关系产生积极影响,从而改善校园人际氛围。因此,本研究将教师纳入课程支持系统。

教师是幼儿早期社会化的重要他人,教师的教育理念和行为、幼儿园班级氛围等都是幼儿早期社会-情绪能力习得的重要影响因素。当教师了解情绪对人际关系的影响,能够认识到自己和幼儿的情绪,并将其运用到教育教学及师幼互动中,幼儿将在教师的真实示范中获得潜移默化的学习机会。因此,"小一步"大班教师社会-情绪学习课程目标之一就是培养教师的社会-情绪技能,即情绪知觉、情绪理解、情绪运用和情绪管理。这将提高教师支持幼儿社会-情绪能力发展的能力,提升教师的课程领导力和专业能力,同时改善亲、师、幼三方关系的质量。

通过讨论和借鉴优秀课程项目标准以及目前普遍得到认可的社会-情绪学习教师培训项目,如 EIT(the Emotional Intelligent Teacher)项目等,来设计和实施本项目中的教师社会-情绪学习课程。

鉴于本项目中教师是大班幼儿社会-情绪学习课程的实施主体,其对课程理论、课程目标、课程内容、课程实施、课程评价等的理解与掌握程度都直接影响着课程的实施效果,因此本项目还需要对教师进行系统性的幼儿社会-情绪学习课程培训,从而建立相对完善的教师支持系统(见表 6-1)。

表 6-1 SEL 优质项目标准

特　征	描　　述
清晰的理论基础	项目的目标及实施方法必须基于清晰明确的概念框架。
有效的教学策略	项目中必须包含具体的"以儿童为中心"的教学策略,以供教师在实践中使用。
有机的课程融合	项目中的课程结构应与原有课程体系相融合,并能跨学科实施。
高质量课程计划	项目中的课程应系统包括教学目标、学习活动、幼儿发展评估工具,以及课程与项目之间的理论联系。
有效的监测工具	项目应包含有效的测评工具,旨在实施过程中进行监控、数据收集及分析改进。
校内协调	项目应确保 SEL 在课堂内外、全校范围内的拓展与加固。
家园共育	项目中应包含改善家园沟通质量的有效策略,并将家长纳入课程体系中,对幼儿社会-情绪发展进行家园共育。
与社区合作	项目中应包含社区合作策略,帮助散居儿童也融入 SEL 园本课程中来。
教师培训	项目应提供专业的教师培训,旨在帮助教师树立正确信念,学习有效实施课程的策略。
技术支持	项目实施过程中应为教师提供实时跟进的专业支持和解决方案,确保教师有能力完成项目课程。
质量评价	项目应至少提供一项理论实证研究,将与 SEL 课程相关的成果及时分享,促进项目开展。

资料来源:根据 CASEL 网站资料整理。

第二节　课程目标

"小一步"项目大班教师社会-情绪学习课程是对教师进行的全体培训,主要涉及教师情绪技能培训、幼儿社会-情绪学习课程的培训两大模块内容。培训中形成积极、民主、真诚的教师培训氛围,使用创新的策略和训练方式以提高教师的各种社会-情绪应对能力。项目对教师提出了相应的目标及原则:

（1）熟悉社会-情绪学习相关技能知识，理解其在幼儿发展、教师成长、家园共育中的作用。

（2）理解幼儿社会-情绪学习课程的目标、实施原则及课程结构，融合"以儿童为中心"的教学策略与原有幼儿园课程体系，并在一日活动各环节中灵活实施。

（3）掌握提升家园沟通质量的有效策略，在社会-情绪发展领域更好地实施家园共育。

第三节　课程实施

一、教师的社会-情绪学习课程内容

教师的社会-情绪学习课程内容主要涉及两部分内容：一是参考了 EIT 项目内容，对教师进行了社会-情绪技能的培训；二是基于 CASEL 有关儿童以社会-情绪学习为中心的幼小衔接教育的优质标准，对教师进行了幼儿社会-情绪学习课程的培训。

根据课程实施进程，将以上目标落实到课程设计、课程实施、课程支持、课程评价等四个阶段中，具体细化为若干子目标（见表 6 - 2）。

表 6 - 2　教师的社会-情绪学习课程主要内容

教师课程	主　要　内　容
教师社会-情绪技能培训	社会-情绪技能的主要知识，即情绪知觉、情绪运用、情绪理解以及情绪管理
	社会-情绪技能在学业学习、决策、课堂管理、压力管理、人际关系、团队建立以及生活品质中的作用
	训练并提高教师的各种社会与情绪技能
幼儿社会-情绪学习课程的培训	了解社会-情绪学习相关技能知识，理解其在幼儿发展、教师成长、家园共育中发挥的作用
	理解以社会-情绪学习为中心的幼小衔接教育拥有多元化的实施途径，可与已有的园本课程体系相融合
	理解以社会-情绪学习为中心的幼小衔接教育各主题下的学习活动、游戏活动、生活/班务活动是有机组成的，了解课程与研究之间的理论联系
	理解以社会-情绪学习为中心的幼小衔接教育应包含有效的测评工具，以达成过程性评价
	理解"以儿童为中心"的教学策略，并能在一日活动各环节中积极使用
	理解并认同应确保课堂内外、全园范围内的拓展与加固，以有效实施社会-情绪学习课程
	理解并运用提高家园沟通质量的有效策略，将家长纳入支持体系中，对幼儿社会-情绪发展进行家园共育

教师课程	主 要 内 容
幼儿社会-情绪学习课程的培训	理解项目提供专业的教师培训,旨在帮助教师树立正确信念,学习课程实施的有效策略
	理解项目应为教师提供实时跟进的专业支持和解决方案,确保教师有能力完成项目课程
	理解项目应至少提供一项理论实证研究,将与 SEL 课程相关的成果及时分享,促进项目开展

本项目的教师课程包括五个单元,总共 40 个课时,五个单元分别是:① 树立正确的课程理念和教育信念;② 培育教师的社会-情绪技能;③ 提供课程实施的有效支持策略;④ 营造充满安全感和价值感的班级环境;⑤ 建立与家长的积极沟通和良性互动。每个单元既分别完成课程的主要目标,又相互有机联系,形成相对完整的教师培训体系(见表 6-3)。

表 6-3 教师的社会-情绪学习课程单元设置

单 元	单 元	概 念	目 标
第一单元:树立正确的课程理念和教育信念	1. 什么是社会-情绪学习	情绪知觉、情绪运用、情绪理解、情绪管理	学习社会-情绪技能的主要知识,即情绪知觉、情绪运用、情绪理解以及情绪管理
	2. 为什么社会与情绪技能是现代人必备的软实力	学业压力、课堂管理、人际关系	了解社会-情绪技能在学业学习、决策、课堂管理、压力管理、人际关系、团队建立以及提升生活品质中的作用
	3. 一起来认识"小一步"幼小衔接教育实践	项目理念、目标、内容与结构、评价	理解"小一步"幼小衔接教育实践的基本理念和培养目标
第二单元:培育教师的社会-情绪技能	1. 了解你自己	生活态度、教学风格、自我觉察	学习利用多元形式提高自我察觉能力;理解教师的个人风格与教学质量的关联
	2. 接纳你的幼儿	埃里克森发展理论、多元智能、自我效能感、压力管理	学习学龄期儿童的心理发展特点;理解并尊重个体差异;通过压力管理学习提高自我效能感
	3. 情绪的体验和管理	积极情绪、消极情绪	理解积极的情绪体验与积极的人格建立之间的关系;学习识别并管理消极的情绪(焦虑、抱怨、愤怒、抑郁、嫉妒)
	4. 倾听是一种强大的能力	共情、尊重、赞赏的多样性、客观判断	学习并运用倾听、共情等技术,提高师生沟通的效益
第三单元:提供课程实施的有效支持策略	1. 确保把爱的讯息传递给幼儿	师生互动、言语和非言语沟通	学习并运用师生互动中积极的语言和非言语沟通范式
	2. 和善与坚定并行	逻辑后果、自然后果	学习并运用正面管教的相关技术,帮助幼儿尊重规则、执行约定

单　元		概　念	目　标
第三单元：提供课程实施的有效支持策略	3. 重新看待课堂不良行为	抑制控制、执行力、任务意识、冲突管理	学习识别典型的课堂不良行为；学习分析儿童产生这些行为的原因，尝试从正面积极引导
	4. 有效地运用鼓励	成长型思维、固定型思维、社会压力、自我评价	学习通过观察理解不同个体的表达表现方式，尊重个体差异；学习并运用促进成长型思维的鼓励方式
第四单元：营造充满安全感和价值感的班级环境	1. 帮助幼儿体验到归属感和自我价值感	归属感、自我价值感	理解学龄期儿童心理发展特点；学习创设充满归属感的教室环境和班务活动
	2. 让幼儿在充满人际联结的环境中学习与成长	人际关系、学习与成长	理解学龄期儿童学习与成长的内涵和价值；学习创设充满人际联结的教室环境和班务活动
	3. 让你的班级成员成团出道	班级凝聚力、班级氛围、负责任的决定	理解"小一步"幼小衔接教育实践理念与核心价值观的关系；学习创设有利于班级凝聚力的教室环境和班务活动
第五单元：建立与家长的积极沟通和良性互动	1. 给家长留下良好的第一印象	真诚、安全、亲师关系	初步掌握家长接待工作的基本注意事项；学习建立真诚、安全的教师形象
	2. 不要害怕和家长沟通	沟通形式、交流策略	初步掌握日常家长沟通工作的有效形式和策略；建立与家长积极沟通和良性互动的信心
	3. 让家长与你形成合力	课程领导力、家园共育、生态圈	初步理解教师课程领导力与家园共育之间的关系；了解生态圈理论；综合各类方法策略积极实践以形成家园共育合力

二、教师培训途径与方式

在教师的社会-情绪学习课程实施过程中，本项目采用了四种路径与方法对教师进行全员性、互动式培训。

第一种，通过实战模拟和小组讨论的形式，向教师提供创新的策略和训练方式，以提高教师的各种情绪技能。

第二种，通过集中培训，指导教师分析大班幼儿的社会-情绪能力发展现状，学会针对性地实施幼儿课程以及组织课程中高低结构活动等。

第三种，课题组安排会议讨论交流，在课程期间除了通过邮件相互联系外，定期安排每两周一次、固定时间的会议交流，分享具体案例，共同探讨、解决课程实施过程中出现的问题，总结并反思课程实施经验；

第四种，建立文献数据库，教师分别阅读有参考价值的文献资料，进行自我和小组学习。

第四节　监控与评价

对教师与幼儿园课程的监控主要通过集中培训、课题组会议记录、教师反思分析来完成。本项目对教学过程进行了录音,做了详细的纸质记录。通过分析录音和纸质的记录、集体研讨等方式来监控教师对"社会-情绪学习项目"的反应。分析维度有教师对社会-情绪学习的兴趣、信念;实施大班幼儿社会-情绪学习课程中采用的策略;教师的自我反思等。

课程在实施中包含两个亮点。其一,它采用"社会-情绪学习蓝图"的新颖训练方式。每组蓝图由教师自己提出,是过去或即将面对的情绪体验,它由四个问题构成,每个问题代表一种社会与情绪技能(即情绪知觉、情绪理解、情绪运用和情绪管理)。其二,多种方法相结合的评估体系。为充分评价培训质量,项目执行者采用多种手段评估培训人员的培训效果,包括问卷调查,分享运用培训方法后的趣闻轶事,以及后续的一系列访谈。幼儿园领导层反映在参加培训后,教师更了解情绪对人际关系的影响,更能有效运用社会与情绪蓝图,所以在与同事、家长的沟通合作上有所改善。教师也反馈她们认识到自己和幼儿情绪管理的能力有所加强,并能将其运用到活动设计及师幼互动中。此外,专注训练和冥想训练可以提升人们对自己内部经验的知觉,提高反思、自我调节和关怀他人的能力,因而成为本项目中教师社会-情绪学习课程实施的有效手段。

第 七 章

"小一步"大班家长社会-情绪学习课程

正如本书第二章所述,父母情绪社会化与幼儿社会-情绪能力的发展密切相关。近年来,从父母情绪社会化的视角来探索幼儿社会-情绪能力的发展已经成为一个新热点。一方面,父母所持的情绪理念或观念,以及亲子日常交往中表现出的相关情绪行为对幼儿社会-情绪行为有塑造和教育作用。另一方面,幼儿会在与父母交往中学习对情绪信号的解码,并且把学习到的解码技能运用到社交情景中。有研究发现,在亲子互动中经常表现出温暖、积极情绪的父母,其子女通常会表现出较强的社会-情绪能力,敌意、攻击等问题行为较少。因此,本研究将大班幼儿家长纳入课程支持系统。

第一节　理　论　基　础

从生态系统理论来看,个体行为的发展与家庭、学校和其他社会环境有着密切联系。影响儿童社会适应和发展的因素有:幼儿个体的气质、社交经验、社会关系(师幼关系、同伴关系等),父母的教养方式、教养策略、教养观念,社会文化信念等。随着神经科学的发展,人们对情绪的认识日益深化。情绪包含着生理激活等复杂的认知过程。在个体发展过程中,社会-情绪能力的发展依赖于有效的认知调节,认知发展也会影响个体情绪能力的发展。认知、情绪是行为变化的中介,行为是认知和情绪的表现,三者之间相互依赖,相互影响,因此本项目家长课程的设计也应该综合考虑这三个因素。在综合了国际上相关优质的社交技能与情绪能力培养课程,如"拥抱项目"(Help,Understanding,and Group Support,HUGS)的基础上,建立"小一步"大班家长社会-情绪学习课程,以提高家长在育儿过程中的自我效能感,使其能用积极的心态去对待孩子的幼小衔接问题,从而提高幼儿的入学准备水平。

第二节　课程目标

每个幼儿从出生的那一刻起就处于一定的社会环境和社会关系中。特定的社会环境和社会关系构成了儿童身心发展的基本条件和重要内容。《指南》也指出：家庭、幼儿园和社会应共同努力，为幼儿创设温暖、关爱、平等的家庭和集体生活氛围，建立良好的亲子关系、师生关系和同伴关系，让幼儿在积极健康的人际关系中获得安全感和信任感，发展自信和自尊。因此，我们需要立足于社会生态理论视野，建构和强化社会-情绪学习的环境，将课堂延伸到全园、家庭。

大班家长社会-情绪学习课程的课程目标以及相应的课程原则：

（1）理解大班幼儿社会-情绪学习课程的目标及实施原则；

（2）理解改善家园沟通质量的有效策略，在家园共育中发展幼儿的社会-情绪能力；

（3）知悉幼儿提高社会-情绪技能的有效策略，如加入群体、真诚赞美、解决社交问题等；

（4）形成积极、民主、真诚的亲子互动氛围，树立正确教养观念。

第三节　课程实施

本项目中大班家长社会-情绪学习课程以家长学校为载体，以工作坊、家长课堂等形式，根据社会-情绪学习的相关内容，有组织、有计划地安排课程内容（见表7-1），让家长了解大班幼儿的发展特点和入学准备要点，了解社会-情绪学习对幼儿入学准备的价值与意义，掌握适合幼儿个性化需求的教育教养方式。家长课程与幼儿社会-情绪学习课程同步进行，以更好地实现协商性家园互动。

表7-1　家长课程进度表

单元	主题	家庭作业
1	什么是社会-情绪学习？父母在幼儿社会-情绪能力发展中的作用	倾听者游戏；20个问题游戏
2	如何开始新的友谊？如何加入新的群体？	"旁观-积极评价-模仿"练习
3	如何微笑并寻找乐趣？	枕头大战；骑大马游戏
4	如何真诚地赞美？	温暖的毯子与冷漠的小刺
5	如何解决社交中的问题？如何合作？	冲突情境角色扮演游戏；合作完成拼图游戏

单元	主　　题	家　庭　作　业
6	如何培养决断性思维？如何培养良好的竞技精神？	练习使用"以我开头的陈述句"；优秀运动员游戏
7	休息一周	
8	信息汇总、回顾和讨论	

一、家长课程的主要内容

家长课程专为5~6岁大班实验组儿童的父母设计，为其提供教育和培训，儿童不参与其中。整个项目包括7次会谈——每周一次，一共六周，休息一周后再进行最后一次会谈。每次会谈时长约一个小时，由1~2名经过训练的辅导老师及班主任老师共同主持。这些辅助老师必须具有在心理学、心理咨询，或者社会工作方面的专业培训经历。在每一次会谈中需要分发指南（关键内容的总结）和作业（在下一节课之前需完成的任务）。本项目的家长课程部分内容大致可以分成两类：① 儿童社会-情绪能力发展的知识；② 帮助儿童提高社会-情绪能力的具体技术。

二、家长课程的实施与方法

家长课程的实施不限于教师讲授，更多的是针对幼儿发展特点和幼小衔接核心问题进行研讨，鼓励家长表达自己的观点，进行"头脑风暴"。每一次会谈都给予足够的咨询时间，家长可以咨询他们自己和孩子的若干具体问题。每一周都布置"家庭作业"，并在下一次课程开始之前讨论前一周的家庭作业。鼓励每位家长描述作业的完成情况：遇到了哪些问题，哪些方面进展效果好等。给予大量的鼓励和积极反馈来肯定父母的努力付出。

第四节　监控与评价

对家长课程的监控主要通过对集中讲座、互动问答、访谈记录、家长案例来完成。研究者对课程过程进行录音并做详细的纸质记录。通过分析录音、案例记录来监控家长对社会-情绪学习项目的反应。分析的角度有家长对社会-情绪学习的兴趣和信念、亲子互动中采用的策略、家长对家庭教育的反思等。

第八章

"小一步"幼小衔接教育实践之效果

通过开展"小一步"——以社会-情绪学习为中心的幼小衔接教育,本研究期望能够有效地提高幼儿的社会-情绪能力。在第五章的大班幼儿课程设计中,我们已将本课程的社会-情绪能力分为情绪能力、人际问题解决能力、亲社会行为三部分主要能力,根据第四章对儿童社会-情绪能力及其影响因素的研究结果梳理发现,儿童情绪理解、问题解决、亲社会行为以及师幼关系、母亲教养方式等都对幼儿发展结果有预测作用。本章选取这些评估维度,用量化研究的方式论证儿童课程的实施效果。

第一节 对"小一步"幼儿课程有效性的量化分析

选取上海市市区两所幼儿园 123 名儿童为干预对象,儿童平均月龄为 66.56±3.4。其中对照班 65 人,男生 34 人,女生 31 人;实验班 58 人,男生 28 人,女生 30 人。所有干预对象为智力正常儿童。以干预开始时间 t_1(幼儿园大班第一学期开学初)为起点,分别从干预结束时间 t_2(幼儿园大班第二学期期末)、干预结束后追踪时间 t_3(小学一年级期中)两个时间点来考察干预效果。

一、三项测验

本研究主要从三个数据来源来测查干预效果,包括儿童测验、母亲测验和教师测验,测查内容主要为儿童的社会-情绪能力和适应,如儿童情绪理解能力、焦虑症状、师幼关系等,测查时间点分别为干预开始时间 t_1、干预结束时间 t_2、干预结束后追踪时间 t_3。表 8-1 呈现出了各个时间点所测查的内容。

(一)儿童测验

1. 幼儿情绪理解能力

由经过训练的主试对幼儿进行情绪理解故事访谈,包括以下方面。① 表情识别。向儿童随机呈现四种情绪图片:高兴、悲伤、愤怒和害怕,采用 0~2 计分。② 情绪观点采择。

表 8-1 各个时间点的测查内容

测验对象	测 验 内 容	测 验 工 具	测验时间点		
			Time 1	Time 2	Time 3
儿童测验	幼儿情绪理解能力	情绪理解故事访谈	✓	✓	
	儿童孤独感和社交不满	儿童孤独感和适应访谈	✓	✓	✓
母亲测验	儿童亲社会行为	儿童长处与困难量表	✓	✓	✓
	儿童注意力不集中		✓	✓	✓
教师测验	师幼关系(亲密、依赖、冲突三个维度)	师幼关系量表	✓	✓	✓
	幼儿行为教师评定	儿童行为教师评定量表	✓	✓	✓
	儿童社会能力与行为评定	儿童社会能力与行为评定量表	✓	✓	✓

向儿童讲述 8 个情境故事,让儿童判断主人公的情绪状态,采用 0～2 计分。③ 情绪原因解释。对情绪观点采择任务中的 4 个情境故事加以追问"为什么",采用 0～2 计分。④ 基于信念和愿望的情绪理解。向儿童讲述情境故事"雪碧/白开水",让儿童预测故事主人公的情绪及情绪产生的原因,采用 0～1 计分。⑤ 情绪表达规则。向儿童讲述情境故事"失望的礼物"和"被同伴拒绝",让幼儿报告主人公的情绪反应,采用 1～3 计分。计算被试在各个方面的总分以评定其情绪理解能力。本研究中 t_1 幼儿情绪理解故事访谈的克龙巴赫系数 Cronbach's $\alpha = 0.71$,t_2 幼儿情绪理解故事访谈的 Cronbach's $\alpha = 0.77$。

2. 儿童孤独感

由经过训练的主试对幼儿进行儿童孤独感和适应访谈。主试向儿童询问 11 个关于儿童孤独感的问题,如:你在幼儿园有小朋友陪你玩吗? 以三点计分的形式记录儿童的回答(0=总是,1=有时,3=从不),分数越高表示儿童的适应状况越好。已有研究表明该量表在具有良好的信效度(Terrell-Deutsch,1999)。本研究中,t_1 儿童孤独感的 Cronbach's $\alpha = 0.80$,t_2 的 Cronbach's $\alpha = 0.79$,t_3 的 Cronbach's $\alpha = 0.80$。

(二) 母亲测验

儿童亲社会性、注意力不集中

根据研究需要,采用儿童长处与困难量表中的亲社会性(5 个项目,如"能体谅到别人的感受")和多动维度(5 个项目,如"不安定、过分活跃、不能长久保持安静")来考察母亲对儿童的亲社会性和注意力不集中的评定状况。该量表要求母亲对儿童的一些行为的描述做出反应(1="完全不符合",3="完全符合"),各个维度的分数越高表示儿童的特点越突出。本研究中三个时间点亲社会性的 Cronbach's α 依次为 0.70、0.77、0.64。三个时间点注意力不集中症状的 Cronbach's α 依次为 0.75、0.80、0.82。

(三) 教师评定

1. 师幼关系

采用张晓修订的师幼关系量表测量不同时间点的师幼关系。本研究采用该量表的三个维度:依赖性(5个项目,如"这个孩子过分依赖我"),亲密性(11个项目,如"我和这个孩子享有亲热的、温暖的关系"),冲突性(12个项目,如"我和这个孩子之间似乎经常关系紧张")。该量表共28题,适用于2～9岁的儿童。采用5点计分,从1"完全不适用"到5"完全适用"。本研究中冲突性维度在三个时间点的Cronbach's α 依次为0.80、0.76、0.78,亲密性维度在三个时间点的 Cronbach's α 依次为 0.82、0.79、0.89,依赖性在三个时间点的Cronbach's α 依次为0.73、0.44、0.49,依赖性维度在 t_2 和 t_3 的内部一致性系数相对较低,在经过调整后仍不能达到要求,因此不再分析。

2. 儿童行为教师评定

采用儿童行为教师评定量表测量儿童行为,共31题,采用0～2三点计分(0="不符合",2="非常符合")。本研究选取该量表中的外化情绪问题(6个项目,如"不顺他/她的心就哭闹")、社会性(6个项目,如"别的孩子喜欢和他/她一起玩")、攻击(4个项目,如"打、推、踢或咬别的孩子")、顺从(5个项目,如"玩好后把玩具收拾好")和学习问题(4个项目,如"学习动机不强")进行评定,得分越高说明儿童的行为越突出。其中 t_1 各个维度的Cronbach's α 在0.70～0.90之间, t_2 在0.82～0.91之间, t_3 在0.75～0.88之间。

3. 儿童社会能力与行为评定

采用幼儿社会能力和行为评定简表测量儿童的社会能力和行为问题。该量表由拉费尔等编制、刘宇等修订,适合中国学前被试。该量表共30题,本研究采用外化行为问题(10个项目,如"易怒,容易发脾气")、社会能力(10个项目,如"能够协商解决冲突")和内化问题(10个项目,如"悲伤,不快乐,情绪低落")。采用likert量表6点计分,1～6表示"从来没有"到"总是这样",要求被试根据实际情况报告一些行为的符合程度。本研究中外化问题行为在三个时间点的 Cronbach's α 依次为0.84、0.88、0.81,社会能力维度在三个时间点的Cronbach's α 依次为0.85、0.88、0.84,内化问题在三个时间点的Cronbach's α 依次为0.91、0.90、0.92。

二、以社会-情绪为中心的幼小衔接教育实践的意义

(一) 以社会-情绪为中心的幼小衔接教育实践对儿童社会-情绪能力的影响

对三个时间点采集到的社会-情绪能力相关数据进行描述性统计,结果见表8-2。

表8-2 三个时间点幼儿社会-情绪能力的平均值和标准差($M \pm SD$)

变量	时间	实 验 组			对 照 组		
		总	男	女	总	男	女
情绪理解能力	t_1	1.53±0.31	1.49±0.31	1.57±0.37	1.48±0.33	1.38±0.36	1.58±0.27
	t_2	1.73±0.23	1.77±0.22	1.70±0.25	1.70±0.31	1.69±0.30	1.72±0.32

变　量	时间	实　验　组			对　照　组		
		总	男	女	总	男	女
亲社会性	t_1	2.47±0.40	2.43±0.42	2.50±0.37	2.54±0.37	2.42±0.38	2.68±0.30
	t_2	1.87±0.50	1.88±0.50	1.86±0.51	1.92±0.53	2.07±0.55	1.77±0.48
	t_3	1.87±0.46	1.95±0.54	1.78±0.35	1.91±0.56	2.08±0.50	1.74±0.58
社会能力	t_1	2.74±0.68	2.96±0.69	2.54±0.61	3.26±0.84	3.78±0.65	2.69±0.64
	t_2	2.66±0.75	2.69±0.77	2.63±0.76	3.06±0.91	3.32±0.79	2.79±0.95
	t_3	2.69±1.14	2.34±0.94	2.69±1.23	3.10±0.95	3.10±0.89	3.10±0.1.02
顺　从	t_1	0.44±0.39	0.56±0.35	0.32±0.39	0.40±0.41	0.53±0.50	0.26±0.36
	t_2	0.42±0.41	0.43±0.30	0.41±0.49	0.47±0.51	0.65±0.55	0.27±0.39
	t_3	0.62±0.69	0.64±0.63	0.60±0.71	0.63±0.55	0.53±0.49	0.72±0.61

1. 情绪理解能力

采用协方差分析，控制 t_1 时期儿童的情绪理解能力，以 t_2 时期的情绪理解能力为因变量，以儿童性别（男 vs.女）和组别（实验组 vs.对照组）为自变量，进行方差分析。

结果显示：t_1 时期的情绪理解能力主效应不显著（$F(1,98)=2.95,p>0.05$），组别主效应不显著（$F(1,98)=1.61,p>0.05$），性别主效应不显著（$F(1,98)=0.04,p>0.05$），性别和组别交互作用不显著（$F(1,98)=0.41,p>0.05$）。虽然从日常观察和教师报告质性材料中可见干预后儿童情绪理解能力有所提高，但统计结果表明干预并未对儿童情绪理解产生显著影响。

2. 亲社会行为

采用协方差分析，控制 t_1 时期儿童的亲社会性，分别以 t_2、t_3 时期的亲社会性为因变量，以儿童性别（男 vs.女）和组别（实验组 vs.对照组）为自变量，进行方差分析。

结果显示：在 t_2 时期，t_1 时期的亲社会性主效应显著（$F(1,107)=12.50,p<0.01,\eta^2=0.11$），组别和性别的主效应及二者的交互作用都不显著；在 t_3 时期，t_1 时期的亲社会性主效应显著（$F(1,87)=9.37,p<0.01,\eta^2=0.10$），组别和性别的主效应及二者的交互作用都不显著。干预并未对儿童亲社会行为产生显著影响，但教师报告在一日活动中幼儿之间相互支持、友好行为的发生频率均有明显增加。

3. 社会能力

采用协方差分析，控制 t_1 时期儿童的敏感合作得分，分别以 t_2、t_3 时期的敏感合作得分为因变量，以儿童性别（男 vs.女）和组别（实验组 vs.对照组）为自变量，进行方差分析。

结果显示：在 t_2 时期，t_1 时期的敏感性合作主效应显著（$F(1,116)=20.44,p<0.001,\eta^2=0.15$），其他各个变量的主效应和交互作用均不显著；在 t_3 时期，各个变量的主效应及交互作用都不显著。干预并没有对儿童的敏感合作产生显著影响，但教师发现幼儿之间的合作行为在游戏活动中有所增加。

4. 顺从性

采用协方差分析,控制 t_1 时期顺从性得分,分别以 t_2、t_3 时期的顺从得分为因变量,以儿童性别(男 vs.女)和组别(实验组 vs.对照组)为自变量,进行方差分析。

结果显示:在 t_2 时期,t_1 时期顺从得分主效应显著($F(1,118)=73.64,p<0.001,\eta^2=0.38$),组别主效应不显著($F(1,118)=1.35,p>0.05$),性别主效应不显著($F(1,118)=0.11,p>0.05$),组别和性别的交互作用显著($F(1,118)=6.86,p<0.05,\eta^2=0.01$)。进一步对交互作用进行简单效应分析表明:对于女生,实验组与对照组差异不显著($p>0.05$);对于男生,对照组($M=0.57,S_D=0.06$)显著高于实验组($M=0.33,S_D=0.07$)($p<0.05$);在 t_3 时期各个变量的主效应及交互作用不显著。

(二)以社会-情绪学习为中心的幼小衔接教育实践对儿童注意力和学习问题的影响

对三个时间点采集到的儿童发展相关数据进行描述性统计,结果见表 8-3。

表 8-3 三个时间点幼儿注意力缺乏和学习问题的平均值和标准差($M\pm SD$)

变量	时间	实验组			对照组		
		总	男	女	总	男	女
注意力缺乏	t_1	1.87±0.41	1.89±0.46	1.85±0.37	1.98±0.57	2.08±0.55	1.86±0.58
	t_2	1.87±0.50	1.88±0.50	1.86±0.51	1.92±0.53	2.07±0.55	1.77±0.48
	t_3	1.87±0.46	1.95±0.54	1.78±0.35	1.91±0.56	2.08±0.50	1.74±0.58
学习问题	t_1	0.50±0.55	0.53±0.46	0.48±0.63	0.62±0.57	0.76±0.66	0.46±0.40
	t_2	0.48±0.46	0.55±0.51	0.41±0.40	0.74±0.61	0.89±0.67	0.57±0.53
	t_3	0.46±0.53	0.42±0.41	0.50±0.61	0.53±0.61	0.54±0.70	0.51±0.53

1. 注意力缺乏

采用协方差分析,控制 t_1 时期儿童的多动症得分,分别以 t_2、t_3 时期的多动症得分为因变量,以儿童性别(男 vs.女)和组别(实验组 vs.对照组)为自变量,进行方差分析。

结果显示:在 t_2 时期,t_1 时期的注意力主效应显著($F(1,107)=74.56,p<0.001,\eta^2=0.41$),组别和性别的主效应及二者的交互作用都不显著;在 t_3 时期,t_1 时期的亲社会性主效应显著($F(1,87)=67.74,p<0.001,\eta^2=0.44$),组别和性别的主效应及二者的交互作用都不显著。

2. 学习问题

采用协方差分析,控制 t_1 时期学习问题得分,分别以 t_2、t_3 时期的学习问题得分为因变量,以儿童性别(男 vs.女)和组别(实验组 vs.对照组)为自变量,进行方差分析。

结果显示:在 t_2 时期,t_1 时期学习问题主效应显著($F(1,118)=65.06,p<0.001,\eta^2=0.36$),组别主效应显著($F(1,118)=5.84,p<0.05,\eta^2=0.05$),性别主效应($F(1,118)=2.77,p>0.05$),性别和组别的交互作用不显著($F(1,118)=0.20,p>0.05$)。两两比较结果显示:对照组($M=0.70,S_D=0.05$)的学习问题得分显著高于实验组($M=0.52,S_D=0.06$)

（$p < 0.05$）。在 t_3 时期各个变量的主效应及交互作用不显著。虽然学习问题对长期影响不显著，但是在干预中期实验组的学习问题显著降低。

（三）以社会-情绪学习为中心的幼小衔接教育实践对儿童外化问题和内化问题的影响

对三个时间点采集到的儿童外化问题、内化问题相关数据进行描述性统计，结果见表8-4。

表8-4　儿童三个时间点的外化问题和内化问题的平均数和标准差（$M \pm SD$）

变量	时间	实验组			对照组		
		总	男	女	总	男	女
外化情绪问题	t_1	0.09 ± 0.12	0.13 ± 0.22	0.04 ± 0.12	0.28 ± 0.50	0.31 ± 0.56	0.25 ± 0.43
	t_2	0.17 ± 0.34	0.18 ± 0.36	0.16 ± 0.33	0.22 ± 0.44	0.27 ± 0.52	0.16 ± 0.33
	t_3	0.30 ± 0.39	0.30 ± 0.37	0.29 ± 0.42	0.27 ± 0.35	0.30 ± 0.33	0.25 ± 0.38
外化行为问题	t_1	1.45 ± 0.44	1.63 ± 0.42	1.30 ± 0.40	1.76 ± 0.79	1.98 ± 0.95	1.51 ± 0.48
	t_2	1.53 ± 0.45	1.65 ± 0.45	1.42 ± 0.43	2.08 ± 1.04	2.10 ± 1.01	2.06 ± 1.08
	t_3	1.47 ± 0.68	1.28 ± 0.47	1.61 ± 0.78	1.36 ± 0.44	1.39 ± 0.49	1.34 ± 0.40
内化行为问题	t_1	1.60 ± 0.51	1.75 ± 0.56	1.46 ± 0.41	2.47 ± 0.86	2.63 ± 0.81	2.30 ± 0.89
	t_2	1.93 ± 0.60	1.89 ± 0.55	1.98 ± 0.65	2.13 ± 1.02	2.09 ± 1.07	2.18 ± 0.98
	t_3	1.71 ± 0.82	1.55 ± 1.02	1.83 ± 0.62	2.07 ± 0.96	2.17 ± 0.97	1.99 ± 0.97
孤独感	t_1	0.59 ± 0.27	0.62 ± 0.28	0.57 ± 0.27	0.56 ± 0.29	0.63 ± 0.30	0.47 ± 0.27
	t_2	0.60 ± 0.28	0.62 ± 0.26	0.58 ± 0.30	0.52 ± 0.31	0.58 ± 0.33	0.46 ± 0.28
	t_3	1.53 ± 0.34	1.46 ± 0.30	1.60 ± 0.26	1.68 ± 0.33	1.63 ± 0.37	1.74 ± 0.27

1. 外化情绪问题

采用协方差分析，控制 t_1 时期儿童外化情绪问题得分，分别以 t_2、t_3 时期的外化情绪问题得分为因变量，以儿童性别（男 vs. 女）和组别（实验组 vs. 对照组）为自变量，进行方差分析。

结果显示：在 t_2 时期，t_1 时期儿童外化情绪问题主效应显著（$F(1,118) = 26.47$，$p < 0.001$，$\eta^2 = 0.18$），其他各个变量的主效应及交互作用不显著。在 t_3 时期各个变量的主效应及交互作用都不显著。虽然干预后儿童外化情绪问题有所减少，但统计结果表明干预并未对儿童外化情绪问题产生显著影响。

2. 外化行为问题

采用协方差分析，控制 t_1 时期儿童的外化行为问题得分，分别以 t_2、t_3 时期的外化行为问题得分为因变量，以儿童性别（男 vs. 女）和组别（实验组 vs. 对照组）为自变量，进行方差分析。

结果显示：在 t_2 时期，t_1 时期外化行为问题主效应显著（$F(1,116) = 30.86$，$p < 0.001$，$\eta^2 = 0.21$），组别主效应显著（$F(1,11) = 6.86$，$p < 0.0$，$\eta^2 = 0.06$），性别主效应不显著（$F(1,116) = 0.78$，$p > 0.05$），性别和组别的交互作用不显著（$F(1,116) = 1.36$，$p > 0.05$）。两两比较结果显示：实验组的外化行为问题（$M = 1.63$，$S_D = 0.10$）显著低于对照组（$M = 1.99$，

$S_D=0.09$）（$p<0.05$）；在 t_3 时期各个变量的主效应和交互作用都不显著。虽然干预对外化行为问题长期影响不显著，但是在干预中期显著降低了实验组的外化行为问题，教师报告也支持了外化行为问题有所减少的结果。

3. 内化行为问题

采用协方差分析，控制 t_1 时期儿童的内化行为问题得分，分别以 t_2、t_3 时期的内化行为问题得分为因变量，以儿童性别（男 vs.女）和组别（实验组 vs.对照组）为自变量，进行方差分析。

结果显示：在 t_2 时期，t_1 时期内化行为问题主效应显著（$F(1,116)=64.41, p<0.001$，$\eta^2=0.37$），组别主效应显著（$F(1,116)=8.38, p<0.01$，$\eta^2=0.07$），性别主效应显著（$F(1,116)=5.82, p<0.05$，$\eta^2=0.5$），性别和组别交互作用不显著（$F(1,116)=0.00, p>0.05$）。两两比较结果显示：实验组的内化行为问题（$M=2.26, S_D=0.10$）显著高于对照组（$M=1.83, S_D=0.09$）（$p<0.01$）；在 t_3 时，t_1 时期组别主效应显著（$F(1,76)=4.57$，$p<0.05$，$\eta^2=0.06$），两两比较结果显示，实验组的内化行为问题（$M=1.63, S_D=0.17$）显著低于对照组（$M=2.13, S_D=014$）（$p<0.01$）。说明在干预中期实验组的内化行为问题高于对照组，但在干预结束时，实验组的内化行为问题显著低于对照组。

4. 儿童孤独和社交不满

采用协方差分析，控制 t_1 时期儿童的孤独水平，分别以 t_2、t_3 时期的孤独水平为因变量，以儿童性别（男 vs.女）和组别（实验组 vs.对照组）为自变量，进行方差分析。

结果显示：在 t_2 时期，t_1 时期的孤独感主效应显著（$F(1,100)=7.45, p<0.01, \eta^2=0.07$），性别、组别的主效应及二者的交互作用都不显著；在 t_3 时期，t_1 孤独感水平主效应不显著（$F(1,92)=1.11, p>0.05$），组别主效应显著（$F(1,100)=5.54, p<0.05, \eta^2=0.06$），性别主效应及性别与组别的交互作用均不显著。对组别主效应进行事后比较，结果显示：在控制了前测孤独感分数后，t_3 时期，对照组的孤独感水平（$M=1.68, S_D=0.04$）显著高于实验组儿童的孤独感水平（$M=1.54, S_D=0.04$）。说明干预显著降低了 t_3 时期实验组儿童的孤独感水平，但在 t_2 时期，实验组与对照组无显著差异，t_2 时期的孤独感水平主要受到 t_1 时期的孤独感影响，但 t_3 时期的孤独感水平不受 t_1 时期的孤独感影响。

（四）以社会-情绪学习为中心的幼小衔接教育实践对师幼关系的影响

表8-5 三个时间点依赖性和冲突性师幼关系的平均值和标准差（$M \pm SD$）

变量	时间	实 验 组			对 照 组		
		总	男	女	总	男	女
依赖型	t_1	4.50±0.63	4.40±0.74	4.59±0.51	4.25±0.55	4.26±0.50	4.25±0.60
	t_2	3.98±0.61	3.96±0.45	4.00±0.74	4.15±0.61	3.90±0.63	4.42±0.46
	t_3	3.73±0.97	3.87±0.96	3.62±0.99	3.75±0.91	3.69±0.93	3.82±0.90
冲突型	t_1	1.33±0.32	1.40±0.36	1.26±0.26	1.59±0.63	1.67±0.72	1.51±0.51
	t_2	1.22±0.22	1.21±0.15	1.23±0.27	1.46±0.45	1.58±0.55	1.34±0.28
	t_3	1.63±0.60	1.57±0.48	1.68±0.69	1.56±0.56	1.47±0.54	1.64±0.58

1. 依赖型师幼关系

采用协方差分析,控制t_1时期儿童的依赖性得分,分别以t_2、t_3时期的依赖性得分为因变量,以儿童性别(男 vs.女)和组别(实验组 vs.对照组)为自变量,进行方差分析。

结果显示,在t_2时期,t_1时期的依赖性主效应不显著($F(1,117)=0.35,p>0.05$),组别主效应不显著($F(1,117)=3.03,p>0.05$),性别主效应显著($F(1,117)=6.63,p<0.05,\eta^2=0.05$),性别和组别的交互作用显著($F(1,117)=5.29,p<0.05,\eta^2=0.04$)。进一步对二者交互作用做简单效应分析:对于男生,t_2时期的依赖性上,实验组对照组差异不显著($p>0.05$);对于女生,t_2时期的依赖性上,实验组($M=3.99,S_D=0.11$)显著低于对照组($M=4.42,S_D=0.11$)($p<0.05$)。在t_3时期,各个变量的主效应及交互作用均不显著。虽然干预对依赖性的长期影响不明显,但是在干预中期,显著降低了女生的依赖性。

2. 冲突型师幼关系

采用协方差分析,控制t_1时期儿童的冲突性得分,分别以t_2、t_3时期的冲突性得分为因变量,以儿童性别(男 vs.女)和组别(实验组 vs.对照组)为自变量,进行方差分析。

结果显示,在t_2时期,t_1时期冲突性主效应显著($F(1,117)=64.72,p<0.001,\eta^2=0.36$),组别主效应显著($F(1,117)=5.66,p<0.05,\eta^2=0.05$),性别主效应不显著($F(1,117)=0.62,p>0.05$),性别和组别交互作用显著($F(1,117)=5.60,p<0.05,\eta^2=0.05$)。进一步对交互作用进行简单效应分析:对于女生,实验组和对照组差异不显著($p>0.05$),对于男生,对照组($M=1.49,S_D=0.05$)高于实验组($M=1.24,S_D=0.05$)($p<0.001$);在t_3时期,各个变量的主效应及交互作用均不显著。统计数据显示干预对冲突性长期影响不显著,但是在干预中期显著降低了男生的冲突性。

(五)以社会-情绪学习为中心的幼小衔接教育实践的效果讨论

本研究遵循《3~6岁儿童学习与发展指南》以及《幼儿园教育指导纲要(试行)》等纲领性文件对我国儿童的社会适应和情绪健康发展的引领和导向,在对国外优秀社会-情绪学习项目的综述基础上,以社会-情绪能力结构为重心,基于完整的理论框架设计了幼儿社会-情绪学习内容。其理论框架包括课程理论基础、课程目标、课程内容、课程实施以及评价结果,符合幼儿园课程设计的要求。这是一套完善的面向5~6岁大班幼儿的预防性社会-情绪学习课程。

课程从多个途径实施,包括集体教学活动、游戏活动(规则游戏与自主角色游戏)、一日生活及班务活动的练习与观察指导。集体教学活动中探索内容的多元化实施方式,既要让幼儿掌握所学内容又要符合幼儿的学习兴趣,通过一边做一边改进,最后探索出了"图画书+拓展游戏"的活动方式,以调动幼儿活动的积极性和参与性。研究者观察了每次集体教学活动的实施情况,整个过程中师幼互动情况良好。这首先表现在教师提问时,大部分幼儿都举手回答;其次在每堂课的复习阶段,幼儿能够回答出前一堂课的学习内容,说明幼儿对课程内容认知掌握较好。每次集体活动实施后,研究者会根据幼儿的反映情况及时调整后续课程的内容和进度,做到了灵活实施课程。

研究结果表明,以社会-情绪学习为中心的幼小衔接教育可以作为一个社会-情绪课程的范式在幼儿园中实行,以帮助幼儿提升社会-情绪能力。本研究结果显示:课程结束后,实验组幼儿的学习问题、外化问题减少,实验组女生的依赖性和实验组男生的冲突性降低;从长期效果看,课程降低了实验组幼儿的孤独感水平,实验组幼儿的内化问题显著低于对照组。这些都说明课程实施对幼儿的社会性发展有积极的影响。

干预显著降低了实验组儿童的学习问题、外化问题、内化问题,课程对幼儿的社会适应有一定改善作用。幼儿在课程中学习通过语言沟通来解决人际问题,这一沟通策略是有效的,在日常观察中,研究者发现:儿童能够大胆说出自己的感受,用肢体冲突解决问题的现象减少;幼儿能够控制和调节自己情绪,运用解决问题的四步骤解决不明原因的冲突;当与好朋友发生争吵时,他们会和好如初。

干预结束后追踪时期实验组儿童的孤独感水平显著降低,这说明课程对幼儿的孤独感和社交不满有长期改善作用。课程中学习的友谊发起与维持方法是有效的。在日常观察中,研究者发现:幼儿将基本的发起和维持友谊的方法运用于游戏和生活中,使其孤独感和社交不满得到了改善。这也验证了一些研究的说法:在幼儿时期通过教学可以提高幼儿的情绪管理能力。情绪知识的学习以及情绪调节方法的练习,增强了幼儿对情绪的感知和认识,也促进了幼儿的情绪适应。

实验组女生的依赖性及实验组男生的冲突性降低,这说明课程对幼儿的社会适应有改善作用。课程在设计和实施过程中强调了多种亲社会行为(包括分享、安慰、帮助、关心等),同时在活动前后都进行了强化,因此幼儿对亲社会行为的知识掌握较好。

其余各评估维度没有报告显著性差异,可能是由于课程实施时间较短,幼儿仅仅在认知上学习情绪知识,没有针对性强化技能训练,也没有培养多种问题解决的能力。幼儿对正确解决人际问题的认识观念有待提高,具体执行还需要多练习、多强化。由于本研究的实施时间限制,在测量时也主要关注幼儿问题解决的积极性和有效性,这种方法可能限制了本研究的干预效果。

第二节　对"小一步"教师课程有效性的质性分析

前面,通过分析"小一步"大班幼儿课程对幼儿发展影响的量化分析,试图勾勒出幼儿在进行以社会-情绪学习为中心的幼小衔接教育之后心理与行为维度各变量发展的"轮廓",总结出实施的基本效果,这是本研究的目的之一。我们最为感兴趣的抑或是努力追寻的另一目的是:建构社会-情绪能力水平的提升途径。即通过以社会-情绪学习为中心的幼小衔接教育方案的实践,为教师和家长探索出一条提升学前儿童情绪智力与社会能力的有效途径,通过这样的教育干预促使儿童发展相关能力,为其终身发展打下坚实基础。当我们走进班级、走进儿童、走进教师与家长,和他们一起探索提升儿童社会-情绪能力的有效途径与策略时,我们惊喜地发现教师和家长在自身观念和行为两个维度上的改变,尤其是在与儿童互动时出现的行为改善。

教师培训效果的质性分析是在本项目理论框架的指导下,在课程实施过程中形成的,是一个预设与生成相统一的过程。具体来说,通过对教师进行深度访谈、观察课程过程,以及分析课程记录文本的方法,总结课程实施过程中教师在观念和行为两个维度上的变化。本部分需要研究的问题是:教师对以社会-情绪学习为中心的幼小衔接教育的评价;教师对社会-情绪学习课程效果的反馈;课程对教师专业成长的影响。

本研究的研究对象较多,研究者运用了多种方式与研究对象建立起良好的关系。在课程之前与幼儿园领导、教师进行友好的沟通,说明课程的意义和研究的目的、价值,并向有兴趣参与研究的老师提供资料,欢迎加入研究。通过非结构性访谈了解控制组儿童的发展状况、社会性表现以及兴趣爱好等。

教师相互之间比较熟悉,研究者也经常与教师联系,互动交流课程状况,了解课程进程。有计划地定期观摩教师课程,并在教师同意的情况下录音和录像,非参与性地观察课程过程。除了经常进行关于课程的经验交流之外,还经常与教师进行教学反思、文献交流。课程结束后,对教师进行深入访谈。

深度访谈。对每位教师访谈了 2 次,每次 30 分钟。访谈开始前,说明了研究的目的和访谈的基本内容,并签署了"知情同意书",对其中的各项内容进行解释和协商,受访者确认同意后开始访谈。在征得受访者同意的条件下,对访谈进行了文字记录和录音。访谈资料的转录和整理完成以后再与受访者进行资料的核对和充实,在成文的过程中一直与受访者保持联络,以确保信息资料的准确和完整。

课程记录分析。每个教师均提供了详细的课程记录,记录包括纸质的文本和课程过程的录像,是文本分析的重要资料。教师拍录的音像资料,涉及对儿童的拍摄和录音,都会向家长详细说明研究目的、研究过程、使用的安全性。在获得家长和老师同意的情况下开展研究,对涉及儿童的个人信息遵守了保密原则。

质性研究整理和分析资料的基本步骤是:整理原始资料、登录、寻找本土概念、资料的系统化。[①] 具体来说,就是把所有访谈记录进行转录,对观察记录实行以时间线为线索的事件转码。通过登录的过程将有意义的词、短语、句子或段落用一定的码号标示出来。仔细确认信息的正确性,在此基础上建立类属。仔细分析原始资料,寻找本土概念,将登录的文本进行编码;使用归纳法分析资料。

一、教师对课程的评价

教师在课程实施中起着关键的作用。教师以对话者、反思者、合作者、课程领导者等多重角色参与课程实施过程,有利于课程的顺利实施。研究者通过对教师进行深度访谈、观察课程实施过程,以及分析课程记录文本的方法,试图探索总结课程实施过程中教师在观念和行为两个维度上的变化。在梳理教师对以社会-情绪学习为中心的幼小衔接教育的评价时,从显性与隐性两大类课程实施途径以及本研究中幼儿、教师、家长三位一体的研究视角进行分析。

1. 显性课程提高儿童情绪能力

显性课程也叫显在课程,指的是为实现一定的教育目标而正式列入学校教学计划的各

---

① 陈向明.教师如何做质的研究[M].北京:教育科学出版社,2001:165.

门学科以及有目的、有组织的活动,与隐性课程相对。在本研究中,图画书教学集体活动的实施具有明确的计划性,故称作为显性课程。

以图画书为载体的集体教学活动通过其直观的展现方式,将需要阐述的内容以幼儿易于接受的方式展示在他们面前,因而是幼儿园课程中常见的活动形式。在以社会-情绪学习为中心的幼小衔接教育实施之前,教师往往将图画书集体教学的课程目标设置在幼儿语言能力的发展上。"以前我们在设计图画书故事课时更多关注的是幼儿语言领域的发展,常常根据《指南》中幼儿语言学习与发展目标设计图画书教学目标,比如认真听并能听懂常用语言;愿意讲话并能清楚表达等。"(WZY)本研究旨在引导教师以图画书、故事书为教学媒介,将情绪等抽象概念,以生动的方式展现在幼儿面前,提升儿童的情绪能力。

落实到具体行为上,一是强调教师应更多地指导幼儿观察画面,解读画面内容,观察图画所传递的社会与情绪方面相关信息,帮助幼儿对情绪表达形成直观的概念。"例如在理解'焦虑'这个情绪词汇的时候,班上不少幼儿有困难。我鼓励幼儿回顾故事情节,观察主人公表情和动作,逐步去挖掘画面中的细节部分,提取自己所要寻找的有关情绪方面的信息,为情绪命名,比较'焦虑'与'紧张'的不同,理解'焦虑'的含义。"(QCW)二是强调教师要鼓励幼儿将图画书和故事书中有关社会与情绪方面的技能迁移到现实生活中去,包括鼓励幼儿在课堂上充分讨论自己的相关生活经验。"以往我们总是关注图画书中故事情节的发展,关注幼儿有没有认真听并听懂故事内容,似乎故事是我们教学的全部。但是在社会-情绪学习的图画书教学中,我们以图画故事书作为出发点,引导幼儿从图画书内容出发联想生活中的场景。"(WZY)

通过本研究课程的实施,教师发现幼儿情绪能力逐渐提升。首先,这种提升体现在幼儿对情绪表现的认知上。"通过观察图画书画面,幼儿对情绪的表现方式有了直观的了解。同时,在图画故事书的内容上展开想象,猜测主人公产生情绪的原因,为图画书教学注入新的乐趣。"(YY)其次,这种能力的提升还体现在幼儿逐步了解不同情绪产生的原因并学习将其迁移到现实生活中。"书中的情景在幼儿的生活中也时有发生,较易引起儿童的共鸣,通过画面的展现,以及书中列举的情况,幼儿开始逐步了解情绪产生的原因。"(YY)这时,图画故事书不仅起到直观的展现作用,而且起到中介的作用。教学内容从原先的识别情绪过渡到对情绪产生原因的解析,从而让幼儿能够更透彻地去体会自身及他人的情感。"作为迁移,我在阐述每一段的故事内容之后会向幼儿提出问题,这些问题多是围绕情绪、情感方面的。这样能够扩展教学内容,联系幼儿生活实际情况,询问他们产生相应情绪的原因、处理情绪的方法等。"(YY)

总之,在社会-情绪学习研究中,图画书故事集体教学活动这一显性课程,不仅从课程目标设置上区别于传统图画书教学,从课程实施上更关注幼儿对画面的解读以及社会技能经验向现实生活的迁移,图画书故事集体教学更是一个师幼间彼此了解的过程。每一节课上的交流,图画书都像一个引子,打开了幼儿的话匣子,也打开了教师与孩子之间的沟通之门,帮助教师更深入了解班上每一位孩子内心,增进师幼之间的理解,从而更好地帮助幼儿提高识别情绪、理解情绪、处理情绪的能力。

2. 隐性课程巩固儿童社会技能

幼儿园课程从不同的维度有不同的分类方式。与显性课程相对的隐性课程,是指课程计划中未明确规定的、非正式和无意识的学习经验。游戏便为儿童开辟了这样一个更为广阔的天地。同伴间建立并维护"一起玩"的合作关系成为儿童开展游戏的重要基础,在"一起玩"的过程中各项社交技能得以巩固。

在游戏观察中,教师总结,大班在游戏中主要有肢体冲突和语言冲突两种情况发生。前者更容易被老师发现,因为直接涉及幼儿的安全问题,发起冲突的幼儿常常会受到老师严厉的批评。随着幼儿游戏经验的积累,到了大班他们渐渐开始自行解决一些矛盾,避免教师的介入。这样,大班幼儿既可以顺利化解意见分歧,又可以避免受到成人不必要的责备。教师还发现,幼儿在游戏中自行解决冲突的办法主要有两种:第一种是幼儿在共同游戏中忘记发生的矛盾,从而将彼此间的冲突自然而然地化解掉。这种解决方法的根源在于幼儿通常都把"玩"放在第一位。第二种是通过语言协商的方式消除彼此在意见上的不统一。这种方法体现了以社会-情绪学习为中心的幼小衔接教育中目标的达成:幼儿掌握了一定的语言沟通策略。在一则日常观察反思中,教师这样写道:

"幼儿和同伴之间有时会因为争夺玩具、角色分配等问题发生肢体或语言冲突。不过越来越多的孩子会采取自己的方式顺利解决这些纷争,社会与情绪课程中所学到的各种社交技能自然而然地在游戏中反复练习、使用,特别是用语言协商的能力,帮助他们继续抓紧时间'玩'。"(YYL)

教师通过游戏观察发现,幼儿在游戏中不仅会通过各种策略积极地与同伴建立合作关系,还会通过与同伴间的主动交往和游戏,共同应对和消化日常生活经验中负面情绪带来的困扰。

"例如,在游戏时间里,幼儿会主动改变积木的搭建功能,主动进行角色扮演游戏,即幼儿经常在建构区内悄悄进行'拔牙''打针'等游戏。游戏帮助幼儿暂时满足了在现实生活中不能满足的愿望,为幼儿战胜现实生活中的恐惧和害怕提供了可能,同时,幼儿通过游戏反复自发地练习社会-情绪,学习集体教学活动中的一些处理情绪的方法。我在游戏分享交流环节也更注意把某些幼儿的个体经验分享给全班其他孩子。"(YY)

总之,游戏作为幼儿园活动的主要形式,为幼儿开辟了自主、自由、自发练习和应用各种社会技能的新天地。教师通过游戏观察与指导,逐步真正了解每一个孩子的情绪与社会能力的"最近发展区",以此为基础,借助课程实施的其他渠道,提供适宜儿童发展的课程。游戏作为以社会-情绪学习为中心的幼小衔接教育的隐性活动形式,发挥着不可替代的作用。

3. 多元方式提升家园共育品质

家园共育的本质是教师与家长提高教育共识的过程,根本目标是促进幼儿发展。通过家园共育,家长可以深入了解家庭教育的重要性,坚持科学的导向,形成正确的教育观念。家庭和幼儿园是影响幼儿身心发展的两大方面,两者同步协调,配合一致,形成紧密的教育合力,才能更有效地促进幼儿健康全面地发展。

在现实工作中,教师是否能够主动地、有意识地开展指导势必影响其指导效果。指导效果在很大程度上取决于教师自身的指导意识和能力,其中包括教师自身的社会-情绪能力水平。"班上每个幼儿的个性都不一样,家庭环境也不同,出现的教育问题也是五花八门。出现了问题怎样与家长沟通交流,怎样进行指导等,大多需要我们自己根据实际情况随机应变。"(YYL)通过实施以社会-情绪学习为中心的幼小衔接教育方案,教师支持系统得以建立。在这一框架下教师们表示,他们不仅更重视与家长的平等沟通,还掌握了更为有效的沟通技巧,能够更科学地指导幼儿家长科学育儿、建立良好亲子关系。

首先,转换视角,有效使用各类家园沟通渠道。传统的家园沟通联系主要是利用班级布告栏发布科学育儿信息或相关通知,以单向发布为主。通过以社会-情绪学习为中心的幼小衔接教育支持系统的培训,教师能转换视角,准确把握传统沟通模式的特点,提高沟通效率。"每天来接孩子放学的老人比较多,而且都喜欢早一点到。如果我是一位奶奶,我会想看到什么样的公告栏呢?我把班级门口的家园宣传栏字体放大,用 A3 纸张打印,方便老人阅读。在沟通内容的选择方面也侧重保育主题,这是多数祖辈关心的话题。"(QCW)面对年轻一代的家长,教师利用幼儿园主页、班级主页、微信群等渠道与家长保持即时联系,指导家长科学育儿。"在班级主页上展示近期开展的活动介绍,我们还将 SEL 课程的家长沙龙内容设立了专栏,方便家长回家复习。"(YYL)"微信群主要是发布通知和温馨提示,同时也帮助家长之间搭建沟通平台。现在 90 后家长越来越多,他们是独生子女第一代,更需要这样的支持系统。"(YY)教师表示家园沟通渠道越来越多元,只有因人而异选择沟通方式,才能提高沟通效率。以社会-情绪学习为中心的幼小衔接教育让教师开始转换视角,家园共育不再是教师单向传授,要体现教师服务家长、平等沟通的意愿。

其次,借助社会-情绪学习理论指导家长科学幼小衔接。从幼儿园进入小学阶段学习,是儿童成长过程中一个关键的转折点。"以社会-情绪学习为中心的幼小衔接教育让我们再次关注儿童在幼小衔接中的主体位置,不再是从成人意愿出发仅关注学科知识的学习,而更要重视幼儿在进入陌生环境后可能出现的情绪问题、心理适应以及学习习惯培养等。"(WZY)通过以社会-情绪学习为中心的幼小衔接教育,教师引导家长关注儿童本身的需求是什么,尊重儿童特点。例如在一次参观小学活动后,教师观察到有一部分幼儿对小学产生了困惑和焦虑情绪,于是与家长沟通科学实施入学适应性教育,"我们与家长谈论幼儿内心对小学的期待、兴奋、担心、焦虑,他们会用怎样的态度、方式来应对,会需要成人怎样的帮助。"(YY)教师表示借助社会-情绪学习理论依据和具体办法,更易获得家长的认同。本项目让家长更重视孩子在真实参观情景中的情绪、情感体验,和幼儿一起来探讨,以帮助其获得应对的策略、经验,走好幼小衔接的关键一步。

二、教师对课程效果的反馈

教师是课程领导力的主要实施者,也是课程效果最直观的反馈者。在梳理教师对课程效果的反馈时,主要从以社会-情绪学习为中心的幼小衔接教育对儿童发展的影响效果角度进行分析。研究发现:课程实施后幼儿的情绪能力、人际问题解决能力显著提高、亲社会行

为增多。

1. 幼儿的自我控制能力和情绪调节能力得到提高

自我控制和情绪调节能力是情绪能力中最重要的部分,即有效地管理自己的情绪和行为。各类消极情绪压力会影响个体的心理健康、人际关系,甚至工作和学习状态,因此情绪的自我控制和调节显得非常重要。幼儿需要学会基本的自我控制和情绪调节,如压制怒火、不使用暴力行为发泄、抑制悲伤、控制冲动等。

在本课程中,第一单元的内容包括情绪理解和情绪调节,教师首先强调了所有情绪是可以存在的,但不是所有行为都可以实施的,让幼儿理解,即使再愤怒也不可以使用暴力等破坏行为。教师还指导幼儿练习各种消极情绪的调节方法,如愤怒的时候做深呼吸、数数、到安静的地方等让自己冷静。教师观察到课程实施后部分幼儿已经学会情绪调节的方法,并用此调节消极情绪,甚至以往有攻击行为的幼儿也发生了行为上的变化。

案例

鑫鑫以前常有攻击行为,对愤怒情绪的调节能力较弱,在一次自由活动中,鑫鑫与小鹏都在玩积木,当小鹏去抱积木的时候,不小心把鑫鑫的作品撞倒了,鑫鑫的愤怒情绪迅速爆发,他很生气地站起来瞪着小鹏,大叫一声:"啊!"就在老师以为他要采取攻击行动的时候,鑫鑫却坐下来,采取了控制愤怒的情绪调节法,他开始做深呼吸,嘴里还一边嘀咕着"讨厌,我要冷静,1,2,3……"

幼儿能够在愤怒的时候自己有意识地控制住愤怒情绪,并运用深呼吸和数数的方式让自己平静,抑制了自己的攻击冲动。

2. 幼儿解决人际交往问题的能力得到提高

人际问题解决能力是社会-情绪能力中的重要部分。对于幼儿,能够想出不同的办法和策略解决人际交往问题是非常关键的。而由于幼儿以自我为中心的认知特点,幼儿在人际问题发生时,常常情绪冲动,不能独立有效地解决人际冲突,因此培养幼儿的人际问题解决能力非常重要。

自由活动中,幼儿之间常发生交往问题,幼儿在遇到问题时常常直接请教师帮助解决纠纷。课程的第三单元讨论了如何采取积极的行为方式解决常见人际问题,通过对具体人际冲突情境的讨论与解决方式练习,幼儿学会了解决人际问题的多种有效策略。

课程实施后,教师观察到幼儿解决问题的行为发生了变化,从频繁向教师求助转变为更多地独立解决问题。

案例

从建构区里传出了哭声和争吵声,原来是轩轩和涛涛在抢长条玩具。涛涛说:"这是我先拿到的玩具……"轩轩说:"老师说玩具一起玩的……我也要玩!"轩轩看到涛涛不给,就抢,涛涛大哭起来……

我闻声而去,只见轩轩一边用手给涛涛擦眼泪,一边说:"你别哭了,对不起,对不起,对不起,我把玩具给你玩吧!"我看到这一情景,没有去干涉,因为孩子们自己已经把问题处理好了。我就悄悄地拿了一张纸巾给轩轩,让他递给涛涛,把眼泪和鼻涕擦干净。

上述案例展示了幼儿如何独立运用问题解决策略来处理自己遇到的人际问题。两个幼儿在争抢物品的情况下,主动选择了"协商"的方法,一个人先玩,另一个人再玩。

3. 幼儿亲社会行为增多

人际交往技能中的亲社会行为表现为谦让、安慰、助人、合作、分享等有利于他人和社会的行为,亲社会行为使得人际互动更加顺畅。培养亲社会行为有利于幼儿的社会性发展及个性的形成。亲社会行为也能反映幼儿的人际交往能力水平。

在第三单元的课程中,重点教授了如何通过亲社会行为发起和维持交往,包括分享、帮助、安慰、礼貌等,并在一日生活中练习与强化,巩固幼儿的亲社会行为。教师发现,在课程实施期间,幼儿运用了所学到的方法来主动发起交往,与同伴互动的频率也更高了。

案例

在自由活动时,幼儿纷纷拿出自己的玩具开始玩。悦悦带来的玩具是拼图,她已经玩了很多次,对拼图的兴趣已经不那么强烈,她抱着拼图在教室里走,并观察着其他孩子。这时,她发现军军今天没有带自己的玩具,一个人在闲逛。于是悦悦走过去对军军说:"你想玩拼图吗?我们可以一起玩我的拼图。"军军受到邀请很开心。两个人一起抬了一张小桌,开始玩起了拼图。

教师发现,通过课程的学习幼儿学会了观察别人的情绪和需要,并能够用亲社会行为来发起交往。集体活动课中,教师讲授了发起交往的正确方式:① 观察同伴或群体;② 了解他们的需求;③ 尝试帮助、赞美式的评价、主动分享等亲社会行为。这个案例说明幼儿已掌握并正确运用了亲社会行为来发起交往。

三、课程对教师成长的影响

教师实施课程的过程也受到课程的影响,为进一步分析以社会-情绪学习为中心的幼小衔接教育对教师成长的影响,我们从教师自身的社会-情绪能力、教师专业发展两方面进行观察。

1. 教师的社会-情绪能力提升

教学是最有压力的职业之一。当教师面对巨大压力,得不到外界支持,自身又无法调节

时,可能会产生职业倦怠。具有良好的社会-情绪能力的教师能建立健康的师生关系、有效管理课堂。实施社会-情绪学习的课程有助于营造良好的课堂氛围,加强教师的教学愉悦性、效能感,减少教师的职业倦怠。"在一节集体活动课上,我特意在整节课中一直专注班上孩子的情绪和情感,并用语言来支持和鼓励他们。课后,我利用自由活动时间让孩子们回顾在这节课中自己的情绪,给他们一些表示情绪的词汇,鼓励他们把感受清楚地表达出来。"(YY)

倦怠是教师在长期面对压力的情况下所产生的各种消极情绪反应,是教师无法有效调节自己情绪的结果,因而倦怠与教师的情绪调节能力有极大关系。"等到孩子们睡着后,我常会拿出事先准备好的画纸,画下孩子们一张张可爱的睡脸,送给家长。家长们被我的举动感动了,一颗颗忐忑不安的心有了着落。"(QCW)一个具有较高情绪调节能力的个体有多种策略来保持积极的情绪,减少或修正那些自己和他人不想要的情绪。

从人际关系的角度看,情绪知觉和情绪调节有益于个体构建良好的社会关系,进而改善教师工作中的情绪体验、减轻压力感。在与教师的日常谈话中获悉,"参加社会-情绪学习的培训后,我们更了解了情绪对人际关系的影响,所以在同事间交流、和家长沟通等方面都有所改善。"(YYL)在对教师的访谈中,也有教师表示:"认知自己和儿童情绪的能力有所加强,并能将其运用到备课及对班级管理的应对上"。(WZY)

从内省的角度讲,情绪的运用及认知他人情绪可促使个体有效调节压力和消极情绪,使个体有更好的工作表现。这体现在,教师的教学愉悦性得到加强:"我喜欢和孩子们在一起,每当工作中很疲惫、有压力的时候,只要看到孩子们的笑脸,我好像就能获得快乐,就会立刻变轻松。把自己的想法、信念、爱交付到和孩子们在一起的每一天里,我从中获得极大的满足……"(WZY)教师对自己的情绪识别能力有所提高:"当理想与现实发生了冲突的时候,我们自己的情绪也需要控制和持续调整"(YYL);教师学习并练习控制情绪的方法:"感觉自己要发火了,应尽量转移自己的注意力,可先暂时离开 1 分钟,等情绪缓和下来再面对孩子。"(WZY)"放松。深深地吸一口气,屏住气从一数到三,然后慢慢地呼气。重复两到三遍。做出反应前在心中默数十下。"(YY)教师的社会-情绪能力提升也体现在日常生活中学会了缓解压力、释放消极情绪,"我们在工作、生活中累积的压力很容易影响我们的情绪,因此我们要学会缓解压力,比如倾诉、跑步、画画……找到适合自己的解压方式,别把自己的压力转嫁到孩子身上。"(QCW)

总之,以社会-情绪学习为中心的幼小衔接教育教会教师利用情绪调节来获得专业愉悦并增加自身的自我效能感。这种专业愉悦性会反过来提高教师的专业实践能力,提高教师的教学表现,进一步强化教师的效能感。

2. 教师专业发展

教师专业发展不仅仅是指教师教学技能的不断进步和提高,还指教师在知识、理念、能力、情意、信仰等多个层面的发展。教师专业发展的目标是改进教师教育教学实践,促进教师专业发展,从而惠及儿童的发展。

"小翁是个能力不太强的孩子,在和小班弟弟一起玩的过程中,经过了几次情绪波动:① 小翁兴奋地为弟弟加油;② 看到弟弟受困,小翁不知所措;③ 在老师帮忙解决弟弟的麻烦后,小翁如释重负。"(YY)显然起初"和小班弟弟一起玩"对小翁来说是件高兴的事,他愿意和弟弟交往,给弟弟加油鼓劲,具有良好的交往意愿。可是当弟弟碰到问题哇哇大哭的时候,小翁懵了,不知道怎样解决弟弟的困难,不知道如何安抚弟弟的情绪。这个时候教师用直接指导的方法帮小班弟弟解决了问题,同时也给了小翁可借鉴的方法。当小翁再一次碰到类似问题的时候,他借鉴老师的成功经验解决了问题,获得了宝贵的技能。

教师对待孩子的方式、接纳孩子的态度都是教育中重要的部分,会对孩子的成长产生很大的影响。"我尝试改变与他的相处方式,和他一起说悄悄话、做游戏、分享快乐和苦恼,还时常带点小礼物,给予他更多的关注。""在我关切的目光中,孩子的优点不断被发现——正直、坦率、诚实,同时,他也逐渐改善了自己的行为。"(QCW)当教师不再被自己的情绪所干扰,抱着接纳的态度与儿童相处,愿意花时间观察孩子,了解他们的兴趣、精神和情绪状态,不再简单化地"贴标签"时,便开始走进孩子的心灵,眼睛里也便有了孩子。"我现在每天都会花一些时间观察孩子,与孩子们交流互动,理解他们千奇百怪的想法,帮助他们解除烦恼,尽情享受着和孩子们在一起的快乐时光。"(QCW)"遇到幼儿心情低落时,我会将他们轻轻地搂在怀里,让孩子将悲伤情绪发泄出来,然后与他们交流、给他们讲故事,帮助他们稳定情绪。"(QCW)

总之,在本研究社会-情绪学习教师支持系统建立后,教师通过持续学习和努力,在观察儿童、解读儿童行为、接纳儿童情绪、支持儿童发展等方面,提升了自己的能力。

第三节　对"小一步"家长课程有效性的质性分析

家长课程效果的质性研究是在父母情绪社会化的视角下,对家长进行深度访谈,观察家长干预过程,分析家长反馈文本,最终总结家长干预实施过程中家长在观念和行为两个维度上的变化。本部分需要研究的问题是:父母儿童观的变化;父母对儿童发展的理解;父母教养行为的变化;父母自己的成长。

本研究的研究对象较多,研究者运用了多种方式与研究对象建立起良好的关系。在家长干预正式开始之前,研究者与幼儿园领导、实验班班主任老师进行多次友好沟通,积极动员实验班全体家长认真参与家长干预研究。为确保家长干预的效果,在第一次干预实施之前既向全体家长说明三位一体预防性干预课程的意义和社会-情绪学习研究的目的、价值,同时说明家长须持续参与整个干预过程;家长干预实施过程中,向参与研究的实验班家长提供儿童社会-情绪学习相关资料,鼓励其持续认真地参与研究。研究者按计划定期观察家长干预课程的实施过程,经常与家长进行相关主题的经验交流。收集各种实物,如家长课堂笔记、亲子课后作业、家长培训反馈文本等。干预结束后,对家长进行深入访谈,并梳理与总结反馈文本。

一、父母儿童观的变化

随着社会-情绪课程的开展,家长开始接受来自课程支持系统的家庭教育指导,儿童观

逐渐发生变化,主要体现在以下三方面:

1. 肯定儿童期有自身的价值

在成人规划好的生活中,幼儿由于年龄、身高、力量等方面的局限,被视为一个"待发展"的"不成熟个体"。通过社会-情绪学习,家长逐渐认识到要提供与儿童身心发展水平相适应的生活场景,让童真、童趣、童稚得到自由伸展。"随着女儿一天天长大,她逐渐有了自我意识,需要她作出判断的事情越来越多,父母只要在旁边加以指导,让她不偏不倚,她就能有很好的决断力。遇到问题便在家庭中进行三人讨论,使之成为一种习惯,在讨论中让女儿形成自己的见解,并学会判断。如果孩子总是因为年龄小而误判,也不要急于纠正,有些判断要让孩子自己去亲身验证,而不是将父母的意见强加于孩子。"从这段母亲的课后反馈中,我们发现家长开始肯定儿童期自身的价值,尊重幼儿的主体性与能动性。

2. 接纳儿童对真实"自我"的展示

对于幼儿来说,冲破成人设置的各种"禁忌"是童年生活的重要主题。在与各种"禁忌"对抗的过程中,幼儿体会到了掌控自己生活的快乐。例如,孩子都会在同伴交谈中悄悄谈论"臭粑粑""臭屁屁"等被成人禁止的不文明语言;做出在厕所内拍打同伴裸露的身体部位等被禁止的不文明行为。一般家长都会对这些"禁忌"行为做出严厉的制止或批评。通过社会-情绪学习,家长逐渐明白儿童在其中获得对于"自我"能力的独特感知和体验,这对于儿童的成长有着重要价值。家长在课程的引导下不再随意给孩子贴上标签,而是抱着宽容理解的心态为孩子提供一个暂时安全的领地,接纳儿童对真实"自我"的展示。

3. 把握年龄特点,理解个体差异

大班家长普遍对孩子的认知发展方面有着较高的期望和要求。课程中关于学前儿童年龄特点及个体差异的解读,使家长明白了该如何发挥期望的积极作用。这种期望既要从社会现实出发,又要从儿童的实际年龄特点出发。只有二者有机结合,期望才会恰当。家长开始进行反思:

"期望有时是很盲目的,这样不但对孩子起不到积极的作用,甚至会导致孩子产生厌学的情绪,过早地磨去棱角和灵气会使其日后丧失积极进取的勇气。有时盲目的期待会让我产生急躁情绪,丧失理智和耐心。这时,如果采取简单粗暴的教育方式,很容易与女儿发生情感上的对立。"尊重儿童的个体差异,需要基于"理解"的立场。这样才能重建成人与儿童的关系,因为理解了,一切都可以原谅;原谅了,一切都可以理解。"我家宝贝是个敏感纤细的孩子,能很敏锐地关注到周围环境的变化,时刻把自己保护起来。我觉得宝宝性格和家长性格有很大的关系,我和宝宝的爸爸也都是内向的人,所以我们家宝宝也属于慢热型的孩子。"可见在儿童年龄特点的把握、个体差异的理解以及情绪能力和社会适应问题的教养策略方面,家长均有所收获。

二、父母教养观念的变化

对儿童及其发展的认识,对儿童教养的理解,直接影响着家长的教育目标、方向、手段、方式及行为,从而对儿童的发展产生重要的影响。通过梳理家长反馈文本发现,家长的教养观念正在悄然发生变化,家长在主动学习积极应对儿童社会-情绪发展的问题。

在家长培训中,始终强调家长接纳幼儿情绪的重要性。情绪没有好坏之分,它是我们对环境变化的一种反应。情绪对孩子未来的学习、生活、工作都有很大的影响。在此基础上,家长将所学到的教养策略积极应用到生活中,以应对儿童社会-情绪发展问题。例如在"决断性"主题中,家长反馈道:

"通过辨析'自私'与'决断性',懂得了自私的本质是只顾自己、不顾别人的利益,而决断性行为并非不考虑他人的利益。决断性行为是在别人提出过分要求时进行拒绝或当自己感到自己做不到某事时说'不'。回家后我与孩子一起运用课上学到的具体策略,既不表现攻击性,又能表达出自己内心真实的情绪和正当的要求。我不再简单地给孩子贴上'自私'的标签了。"

又如"解决社交问题"主题中,研究者提供给家长多种建立和维持友谊的方法。有家长告诉研究者,学习后他们不再一味地"避免"社交问题,也尽量不再代替孩子"解决"社交问题,而是选择适宜的方法鼓励孩子在真实生活中练习和巩固社交策略。

"分享——让孩子了解分享的意义:既能使别人快乐,也能作为交朋友的好方法。强调当孩子不愿意分享某物的时候,可以选择提供另一种东西来分享。帮助——主动帮助他人是建立友谊的一个重要方法,讨论如何敏感地发现别人的需求以及帮助他人,让孩子体会到帮助别人的快乐。关心与安慰——当同伴悲伤、害怕、生气时,学习用一些小技巧去安慰同伴,如倾听别人的苦恼、给她拥抱、拍拍他的背,给她分享食物和玩具,带她一起玩游戏,哄她开心等。"正是教养观念的改变,让父母将解决社交问题的主导权还给孩子。父母积极带领孩子学习用亲社会行为方式去建立和维持友谊,而非被动地逃避或等待爸爸、妈妈解决。

三、父母教养行为的变化

父母的儿童观和对儿童发展的理解往往体现在教养行为上。建立家长支持系统时,重点训练家长与儿童有效沟通的能力、给予儿童支持与肯定的习惯。从家长的文本反馈中发现,他们已将学到的方法运用到了实际亲子互动中。

1. 与儿童有效沟通

亲子间的沟通模式本身就是一种非语言的符号系统,父母向孩子传递着对孩子的情感、态度、评价等。研究指出,在亲子沟通水平和教养态度上积极正向的改变,可以达到改善家庭环境和促进子女成长的目的。[1] 积极的沟通,父母有机会更深入地了解孩子,表现出对孩子的接纳、理解和欣赏,减少孩子的逆反和防御,这对孩子的心理发展有重要意义。

例如"我们(家长)也尝试去倾听孩子的想法;同时做做小游戏,通过与她的互动,对她的言语行为进行引导,希望可以帮助她提升她的适应能力,让她在进入一个新的环境(小学)后迅速融入其中,交到新朋友。"

---

[1] 赵阿勋.父母效能成长团体对小学高年级学生家长亲子沟通和教养态度的影响研究[D].金华:浙江师范大学,2006.

具体的沟通训练包括两个方面：其一，积极倾听训练。父母首先必须成为一个良好的倾听者，才能了解孩子真正的感觉，了解孩子的真实意图，才可能使孩子敞开心扉，在与父母的交流中生发信任、理解，感受支持和爱。"孩子愿意和我们（家长）沟通，说明他们对我们的信任。"积极倾听的训练内容包括：表现出对孩子的谈话感兴趣，放下判断与批评，察觉非语言线索，让孩子把话说完，回应孩子的感受。其二，自我表达训练。在讨论孩子面临的困扰时，父母要用倾听来表达接纳，"多扮演一下倾听者的角色，孩子一定会对父母说出他埋藏在心底深处的话。"这样才能帮助孩子认识、应对或解决其困扰，让孩子有机会在与父母的交流中学会人际沟通的技巧。"有效交流使我们能更好地帮助孩子加入新集体，拥有良好的心理支撑点。"

2. 给予儿童支持与肯定

成长过程中，孩子需要家长的管教和提醒，更需要家长的支持与肯定。家长首先要注重对孩子的积极正向反馈，建立亲密温暖和信任无间的亲子关系。"有意识地注意自己的提问和回答的方式，把过去的简单回答'是''否'和'行''不行'改成具体的内容，另外主动要求孩子回答我的问题时看着我的眼睛，并谈得详细些。"

有一位家长在访谈中提道，"很小的时候，儿子随手画一幅画，然后拿给我看。这根本不叫画，应该叫涂鸦，因为看不出画的是什么，我时常敷衍他。在学习了家长课程后，我意识到自己没有能及时给予儿子支持与肯定。于是我开始认真地听他说他画的内容，我装作很惊讶，并用夸张的语气说：'哇，你真棒！'然后说：'让妈妈帮忙一起画好不好？'孩子听到我表扬他，很开心，也很快点头说：'来，妈妈一起画。'"

家长从课程中学到了一些支持与肯定孩子的方法。比如可以通过语言行为（提出问题，发出"嗯嗯"的声音表示认可）和非语言行为（眼神接触，近距离，愉快的面部表情以及语音、语调等）帮助孩子获得更好的谈话技能。家长还学到一些谈话策略：如眼神接触（谈话的时候看着对方）、提问（当你向某人提问时，就是在表示你对另一个人感兴趣，希望更多地了解他。）、说话（在回答别人对你的提问时，不要使用只有一个字词的回答形式，要回答得更具体）。

从上述父母的理念与行为两个维度的变化中可以发现，本研究建立的父母支持系统不仅注重父母对孩子行为的理解，还强调清晰的自我表达和沟通以及积极倾听。该系统致力于帮助父母形成积极的儿童观和教养观，让他们从不自觉地与孩子的"权力斗争"中解脱出来，转而更加关注孩子的努力和积极表现，以及他们的成长和进步，同时，系统也引导父母将孩子的适应不良或问题行为归因于教养行为或亲子互动的问题，这有利于父母对孩子行为的理解和解读。这种变化不仅增强了父母对孩子、对自己、对家庭、对生活的满意度和幸福感，还使得父母对孩子的归因更积极，教养行为也更自觉和有针对性。父母对孩子、对自己的评价变得更加积极，进而增强了他们的教养信心。这些积极的变化有利于提高父母的生活质量、促进他们的身心健康。

应用篇

第九章

以社会-情绪学习为中心的幼小衔接教育提升策略

从幼儿园到小学的跨越,对儿童来说存在着学习方式、学习环境、行为规范要求等各方面的"断层",亟须来自家庭和幼儿园的支持。但现实中,两者对儿童的幼小衔接支持存在错位和失位。人类发展生态学理论认为儿童的发展是其所处的生态环境之间共同作用产生的结果。个体所处的生态环境包括微观系统、中观系统、外观系统和宏观系统。

基于此,邓禄普等人建构了幼小衔接生态学模式,其中微观系统是指儿童直接接触到的、更为亲密和熟悉的家庭和学校;中观系统是指儿童、家庭和学校这些微系统之间的相互关系;外观系统指儿童不能直接接触,但是对儿童发展产生一定影响的社会机构、社会关系网等;宏观系统是指幼儿生活地区的文化、政策、社会习俗等,这些直接影响了家长的价值观、教育观和教养方式,间接影响儿童的发展。该理论强调在幼小衔接阶段不同层级的环境之间存在相互作用,即不同系统的要素之间有向内和向外的流动。[①] 生态学系统理论认识到了幼小衔接过程中不同利益主体之间的交互作用,提示我们要注重各环节之间的联系和合作。

家庭及幼儿园是儿童个体成长过程重要的微观系统,加强微观系统的联系能够实现儿童的最优发展。成人与儿童联系的重要性不仅在于成人教给孩子什么,还在于成人以何种方式教导孩子,以及周围的人群以何种方式与孩子构成相互影响、相互促进的关系网络。

第一节　来自微观系统的影响

本研究对幼儿社会-情绪能力、师幼关系及母亲教养关系进行了三次追踪测量,对各维

---

① DUNLOP A., FABIAN H. Conclusions: Debating transition, continuity and progression in the early years[M]// FABIAN H, DUNLOP A. Transitions in the early years: Debating continuity and progression for children in early education. London: Routledge Falmer, 2002: 146-154.

度得分比较以及分析与讨论后得出以下结论：第一，幼儿的社会-情绪能力、情绪理解能力、问题解决能力和亲社会行为正向预测幼儿积极的发展结果，负向预测幼儿消极的发展结果；第二，冲突型师幼关系负向预测幼儿消极的发展结果，亲密型师幼关系正向预测幼儿积极的发展结果。

从以上结论可知，社会-情绪能力与儿童的心理、行为之间有着密切联系。由此，我们得出本研究的第一个结论：师幼关系通过影响幼儿社会-情绪能力从而对幼儿的发展结果产生相应的影响。

基于对社会-情绪能力重要性的阐述，及与社会-情绪学习相关理论观点的描述，我们提出学前儿童社会-情绪学习是一个动态复杂的生态化过程，在这个过程中儿童所处的环境、重要他人、家长与教师对儿童的心理及行为变量产生影响，最终对儿童的情绪智力与社会能力起到重要作用。任何人与环境都是相互联系的，学前儿童处于学校、家庭、社区环境中，每个环境都与其他环境以及儿童个体发生交互作用，进而导致儿童不同的发展水平。

在自我意识发展的过程中，儿童逐渐学会识别他人表情并就此做出不同的反应，理解他人的情感体验，并能区分出他人的有意行为和无意行为，同时能区分出自己和他人的观点。此外，儿童对他人行为的回应、对他人的整体认知以及对友谊等社会关系的认知，都建立在对他人内部心理状态的理解、认同或采纳之上。只有当儿童对他人的心理特征、个性品质有深入的认识，他们才能站在他人的角度体会、理解他人的感受和观点，推测其内部的心理活动，认识到他人的心理和需要。在遇到困难、冲突情境时，这样的儿童更有可能寻求积极的解决策略，做出符合班级规则和伦理道德的决定，积极地与同伴及老师互动。通过这些互动，他们能获得同伴的支持和老师的接纳，建立起积极的同伴关系和师生关系。良好的师生关系可以为儿童提供一种安全的心理环境，师生之间的相互信赖能够满足儿童的心理需要，使他们充分表现自我，发挥潜力，获得建设性发展。在与良性循环的环境相互作用时，儿童不断地获得有助于自己更成功，更有竞争力的信息，并因此获得自我效能感和进一步努力的动机。

鉴于师幼关系是社会-情绪学习影响儿童发展的作用机制之一，我们认为在教育实践中，应该从以下方面促进儿童社会-情绪能力的发展。

一、对师幼关系的反思与重构

在传统观念中，儿童被认为是不成熟的，因此重视师幼关系教学上的授受关系多过人格上的平等关系。在幼儿园中，成人通常是互动的发起者，并且常常控制了整个互动的进程，其目的在于帮助孩子解决一些问题，告诉孩子哪些可以做，哪些不可以做。但是，成人这样的做法反而限制了自己与孩子之间的关系，即成人事实上并不真正完全了解孩子的生活世界。即便是在成人掌控的时空环境下，幼儿仍然会通过积极的行动和敏锐的心智，为自己建构一个生活时空。儿童不只是被动的等待者，而成为积极的社会行动者；儿童不仅是社会生活中等待被改造和教化的对象，而是积极参与到社会改造活动中的实践主体。他们积极探寻和延展自己生活的时空环境，展现自己的能力，这是他们积极成长的重要标志。对师幼关系的反思是理解儿童的开始。

二、提高教师的社会-情绪能力

儿童处于学校和幼儿园环境的影响下，只有学校系统内各个要素间形成一致的合力时，儿童的社会-情绪能力才能得到有效的发展。有研究显示，成人的社会与情绪技能能够通过塑造运用社会与情绪技能的榜样、面对压力情景时的有效反应，以及创造与学生的积极互动等途径积极影响学生的能力。为了使社会-情绪学习融入日常生活中，需要支持教师提升自身的社会-情绪能力。这包括学习调节、控制自己的情绪，提高自己的幸福感，学习如何与儿童积极互动，学习在遇到幼儿的社会-情绪问题时能做出积极的反应，如应对孩子的消极情绪、害羞退缩行为或是遇到困难时的气馁情绪等。同时，教师还需学习如何管理幼儿的行为、建设健康积极的学校文化氛围，如鼓励幼儿寻找帮助他人的机会，回应他人的情绪等。要维持学校环境中社会-情绪能力的可持续发展，这些培训是不可缺少的。已有的实践项目表明，提高教师自身的社会-情绪能力可以有效提高儿童的社会-情绪能力。

学校的行政管理人员也需要学习如何把社会-情绪能力融入学校的任务和日常工作中去，并思考如何把社会-情绪学习和学校的教学任务连接在一起，如何在课程安排中为社会-情绪学习留出时间和空间，怎样支持教师和员工学习社会-情绪技能等。

第二节　来自中观系统的影响

本研究通过量化分析，勾勒出儿童在接受以社会-情绪学习为中心的幼小衔接教育之后心理与行为维度各变量发展的"轮廓"，总结出该教育的基本效果。同时，通过质性材料分析，和教师、家长一起探索提升儿童社会-情绪能力的有效途径与策略，我们发现教师和家长在自身观念和行为两个维度上有了改变与改善。本研究采用不同视角和多样方法来论证和洞察以社会-情绪学习为中心的幼小衔接教育对亲、师、幼三方的积极影响作用。

一、对儿童的积极影响

本书第八章中对儿童课程的量化实证研究结果表明，在课程结束后，实验组幼儿的学习问题、外化问题减少了，实验组女生的依赖性和实验组男生的冲突性都降低了；从长期效果看，课程降低了实验组幼儿的孤独感水平，实验组幼儿的内化问题显著低于对照组。这充分说明了课程实施对幼儿的社会性发展有积极的影响作用。由此，我们得出本研究的第二个总结论：以社会-情绪学习为中心的幼小衔接教育有助于改善幼儿的社会-情绪能力，可以作为一个社会-情绪课程的范式在幼儿园中实行。

二、对教师的积极影响

研究结果显示，教师实践以社会-情绪学习为中心的幼小衔接教育的过程有助于降低职业倦怠感的发生；教师对以社会-情绪学习为中心的幼小衔接教育的信念有助于提升其对专

业的投入程度;教师对社会-情绪学习技能的掌握程度与职业倦怠呈负相关,与工作满意度呈正相关。社会-情绪学习不仅影响课堂内外的师生关系,还对教师之间的人际关系产生积极影响,从而改善校园人际氛围。

教师的社会-情绪能力与下列四项班级特征有关:健康的师生关系;有效的课堂管理;健康的班级氛围;有效的以社会-情绪学习为中心的幼小衔接教育实施。研究发现,社会-情绪能力强的教师更胜任以社会-情绪学习为中心的幼小衔接教育的实施过程,更易获得以上四项班级特征,从而降低工作压力、提升教学效能感及工作满意度。

值得注意的是,以社会-情绪学习为中心的幼小衔接教育的实施会在一定程度上增加教师的工作压力,这是因为在客观上以社会-情绪学习为中心的幼小衔接教育增加了教师的工作量,且会让一部分教师认为自己缺乏社会情绪技巧从而产生额外的压力。

三、对家长的积极影响

实证研究表明,情绪教导的元情绪理念占主导的父母,面对儿童的消极情绪反应,会给予儿童更多接纳和温暖的情绪反应,与儿童心平气和地讨论消极情绪产生的原因,教导儿童以更加积极的方式应对,在日常家庭生活中,表达更多积极情绪。

研究表明,父母情绪表达与儿童社会-情绪能力密切相关。在亲子互动中经常表现出温暖、积极情绪的父母,其子女通常会表现较强的社会-情绪能力,而敌意、攻击等问题行为较少。儿童会利用与父母交往的机会学习对情绪信号的解码,并且把学习到的解码技能运用到社交情景中。经常处于父母消极情绪表达氛围中的儿童,更少地被同伴接纳,教师评价的社会-情绪能力也较低,而那些处于父母积极情绪表达氛围中的儿童,同伴接纳程度较高,教师评价的社会-情绪能力也较高。国内有关父母的情绪理念、情绪培养与儿童社会能力的研究发现,父母对儿童的情绪教导及其情绪表达对儿童的社会能力具有一定的影响。

第三节　社会-情绪学习课程实施的有效策略

本研究通过以社会-情绪学习为中心的幼小衔接教育方案的实践,为教师和家长探索出一条提升学前儿童情绪智力与社会能力的有效途径,通过这样的教育干预可促使儿童发展相关能力,为终身发展打下坚实基础。回顾本研究中以社会-情绪学习为中心的幼小衔接教育的框架建构、课程实施、效果检验的实证研究,从而得出本研究的第三个总结论:生态化、预防性地开展以社会-情绪学习为中心的幼小衔接教育是提高学前儿童社会-情绪能力水平、做好入学准备的有效策略。

一、社会-情绪学习课程的设计框架

社会-情绪学习课程是有理论基础、有详细课程目标和内容的系列课程。进行课程设计

时,要考虑课程框架的完整性。

　　课程理论既是课程设计的依据,又是课程实施的导向。社会-情绪学习课程主要基于社会性发展的理论,包括弗洛伊德的精神动力理论、埃里克森的社会心理理论、皮亚杰的建构主义理论、维果斯基的社会文化理论、华生的行为主义理论、班杜拉的认知社会学习理论、布朗芬布伦纳的生态系统理论等。每一种理论都以其独特的视角来解释社会性的发展,我们有针对性地选择了一些理论,作为本课程内容设计和实施的指导方针。

　　社会-情绪学习课程的设计以目标为导向选择适宜的发展目标很关键。目标既要适合幼儿年龄发展特征,又要符合社会-情绪教育的要求。在确定好主要发展目标后即可根据幼儿的年龄特点规划课程的实施进程,大体上遵循由浅入深、由简至繁的原则。本研究以幼儿的社会适应为核心设计社会-情绪学习课程,主要发展目标为:提升情绪能力、问题解决能力、亲社会行为能力。国外不同的社会-情绪学习课程也有不同的核心目标。如:促进可替代性思维策略课程的主要目标是自我控制、情绪意识、积极自尊、人际关系和人际问题解决能力;第二步课程主要发展儿童的移情、情绪管理、交友技能以及问题解决。尽管每种社会-情绪课程都有不同的侧重点,但是其内容都基本涵盖了社会-情绪学习的五大能力,即自我意识、自我管理、社会意识、人际交往技能、负责任的决策。

　　幼儿园要开展以社会-情绪学习为中心的幼小衔接教育实践,应该根据本园幼儿的实际发展需要制定课程的核心目标,再围绕核心目标全面地开展社会-情绪学习五大内容。以此方向设计课程既能突出自己的特色,又能保证情绪课程的科学合理性以及全面性。同时要合理规划课程从小班到大班的不同阶段的不同发展目标。合理的阶段目标既要符合幼儿理解能力,又要具有一定的挑战性。小班主要学习情绪基本知识以及基本的社会交往规则,中班可学习更复杂的情绪词汇以及多种社会交往技能,大班着重于人际交往技能中的问题解决。也可以参照《3—6岁儿童发展指南》中对幼儿心理健康和社会适应部分的内容划分来掌握幼儿在不同阶段的关键特点,并参照《教育部关于大力推进幼小科学衔接的指导意见》附件1中的入学准备典型行为及相关教育指导建议。

二、以社会-情绪学习为中心的幼小衔接教育的实施路径

　　课程具体实施包括显性课程的实施、隐性课程的实施,下面将针对这两部分进行具体分析。

1. 通过显性课程促进学前儿童的社会-情绪学习

　　显性课程一般是指高度结构化的课程。课程设计者根据幼儿的年龄特点和发展目标,确定课程框架、内容,设计课程实施模式。显性课程一般以集体活动为主要形式,每一课时大约25~30分钟。课程流程可以包括概念导入、问题讨论(谈话活动)、故事或情景分析、角色扮演或游戏练习、总结等。显性课程包括几种模式:面向全体儿童、涉及社会-情绪学习各领域的促进性或预防性干预课程;面向大多数儿童、以社会-情绪学习某一领域为主要发展目标的课程;针对个别儿童的、关注社会-情绪学习个别领域的干预课程。

　　本研究中,面向全体儿童、涉及社会-情绪学习各领域的课程,其目的是关注儿童的整体发展,以培养社会-情绪能力为课程框架。如:基于ABCD(情感、行为、认知、动力)理论的

PATHS课程,以四个单元学习内容为主要框架培养儿童的情绪意识、自我控制、积极自尊、人际关系和人际问题解决等能力。又如Strong Start Pre-k课程,它分十个单元,涉及情绪认知与调节、移情训练、人际交往技能、人际冲突解决等。它重点强调"发展心理弹性",即个体有效应对困难和挑战的能力。这类课程面向所有儿童,在全校范围内实施,使所有儿童的社会-情绪能力都能获得普遍性的发展。研究表明,这些教育项目显著提高了幼儿的社会与情绪适应,并对儿童发展有长期的积极影响。

面向大多数儿童、以社会-情绪学习某一个领域为主要发展目标的课程,其主要目标是发展某一具体社会-情绪能力,但因社会-情绪学习各领域的发展是相互影响的,部分课程内容也会涉及社会-情绪学习的其他领域。如,以发展幼儿自我调节能力为主要目标的"Tools of the Mind"课程,它关注幼儿的自我调节能力,包括对情绪和行为的调节与管理,通过调整行为以适应社会规范、调整学习的计划和注意力。该课程被证明促进了幼儿的语言发展、减少了行为问题、提高了儿童执行功能。又如,着眼于提高儿童人际问题解决能力的ICPS课程,其主要目标是让儿童在遇到人际问题时,能够自主思考解决问题的多种方法,有效地解决问题。课程通过认知水平上的训练来促进解决问题能力的发展,包括训练可替代性思维、结果性思维、社会观点采择、事情发生的先后顺序思维等。我国学者对学前儿童的社会-情绪学习也进行了大量的实践研究,如在以更有效和谐地解决问题为目标时,课程内容也会涉及人际交往技能与解决问题、自我控制、移情等能力。国内也有研究表明,该类课程在改善儿童同伴交往行为上有良好效果。

面向个别幼儿或某个年龄阶段幼儿的社会-情绪学习项目,一般是针对幼儿的年龄特点和个性差异、个别需求而设计的,如针对小班儿童的情绪理解课程,针对大班儿童的愤怒管理课程(Stop Now and Plan,SNAP),针对害羞儿童的情绪理解和社会技能训练项目。这些项目已经在我国的教育教学实践中取得了显著的短期和长期效果。

有待于学前教育研究者和教育实践工作者共同开发研究的课程还有:旨在提高儿童自我认识、发展自尊和自信心的课程,旨在提高儿童自我控制和情绪管理能力的课程,旨在提高儿童社会意识、培养对他人的理解、尊重和接纳的课程,以及培养人际交往技能、问题解决能力及遵守社会规范的课程。

2. 通过隐性课程促进学前儿童的社会-情绪学习

融入一日生活的隐性课程是将幼儿园作为幼儿社会-情绪能力发展的实践基地,为他们提供反馈与强化的空间,为一般社会-情绪能力的获得与发展提供成长环境。幼儿在社会与情绪显性课程中习得了自我控制、人际交往等技能,这些技能需要在一日生活中实践、练习与巩固,并接受强化与反馈。同时,班级氛围(包括教室情绪氛围、师幼关系、教师对幼儿的评价、同伴互动和同伴关系等),以及班级的物理环境、日常活动的安排等为幼儿提供了一种社会-情绪学习的环境。

在物理环境中,物品的颜色、内容和功能等如安排适当,可为儿童创设增强能力的理想空间。选择柔和色调的家具、反映家庭文化的装饰物,能够营造一种归属感和安全感,能够促进儿童积极的自我概念的形成。提供不同功能、大小合适、相距恰当的功能区域,可以满足儿童的不同发展需要,为儿童进行社会学习提供机会。大群体活动和小群体活动中合适的空间和材料以及精心设计的群体活动实践,能够促进儿童的自我调控,提升他们对自己行为和注意力的控制能力,并通过群体互动促进他们的观点采择能力和人际交往技能的发展。

在日常活动中,活动的安排要具有规律性,让儿童能够预测下一步的活动,这样儿童可以根据自己的预期调整自己的状态,促进自我管理能力的发展。同时也要具有一定的灵活性,给儿童留下发展自己兴趣的空间。还要注意安静游戏和活泼游戏的平衡,以免造成儿童过度疲劳而影响认知活动的进行。此外,日常活动的安排也要调整好群体活动时间和个体独处时间,因为学前儿童的注意力、社会技能发展水平有限,所以群体学习时间不宜过长。在自由活动期间,让儿童自己选择活动的方式并执行个人计划,以促进儿童自主性的发展。

在社会-情绪学习中,教师的指导和参与对幼儿的发展有重要的作用。教师作为儿童在幼儿园的主要引导者首先要创建让幼儿安心、舒适的心理环境,让幼儿能够专注于自己的探索和自身的发展。教师应在幼儿需要帮助时提供及时的帮助,向幼儿展示与家长的友好关系,在幼儿取得成功时能够向其表达鼓励和喜悦,这些都是建立温暖安全师生关系的途径。其次,教师需要观察倾听特定幼儿的活动,评估幼儿社会-情绪能力的发展水平,将观察结果整合到之后的活动计划中,这样才能设计出满足儿童兴趣、符合儿童现有的社会情感能力水平、刺激儿童发展所需领域的活动。最后,儿童社会-情绪能力的学习也通过教师的榜样作用潜移默化地进行,教师要通过自身表现出的对事件的积极态度、和幼儿互动的技巧以及对幼儿成功或失败的反应来影响幼儿社会-情绪能力的发展。

3. 通过提升成人的社会-情绪能力构成与儿童相互影响的关系网络

成人与儿童的联系,其重要性不仅在于成人教给儿童什么,还在于成人以何种方式教育儿童,以及周围的人群以何种方式和儿童构成相互影响、相互促进的关系网络。学前儿童受到幼儿园及重要他人的环境影响,只有幼儿园系统内各个要素间形成一致的合力,学前儿童的社会-情绪学习才能得到有效的发展,幼儿才能更好地从幼儿园过渡到小学,适应新环境的学习与生活。

为了使社会-情绪学习融入幼儿的一日生活,幼儿园需要支持教师和其他教职工提升自身的社会-情绪能力,教师和其他教职工要学习如何与幼儿积极互动,学习在遇到挑战和冲突时如何做出积极的正向的反应,学习如何管理儿童的行为、建设健康积极的园所文化。这些培训课程是学前儿童社会-情绪能力可持续发展的重要支撑。

当前学界已有一些有效提高教师社会-情绪能力和教学技能的项目,包括教师专业发展和支持系统"我的教学伙伴"(My Teaching Partner,MTP)、"教育意识和适应能力培训"(Cultivating Awareness and Resilience in Education,CARE)、"加强管理和弹性培训"(Stress Management and Resiliency Training,SMART)等。这些项目已经被证实可以提高教师自身的社会-情绪能力。

以CARE项目为例,CARE旨在减少教师的压力和负面情绪,促进教师的幸福感、效能感和信念的提升。CARE项目系列课程每周有四天的课程,共计四到五周,包括三个主要领域:情感技能指导、正念练习、关怀与聆听练习。

学前教育机构的行政管理人员也需要学习如何把社会-情绪学习融入园内的管理和日

常工作中去,并关注如何把社会-情绪学习和园内的教育教学任务连接在一起,支持教职工的社会-情绪学习。

第四节　　重构协商性家园互动模式

　　基于当前家园互动模式中存在的问题,研究者提出了"协商性家园互动"的概念,为社会-情绪教育工作提出了新思路。优化家园互动模式,有利于激发家长在家园合作过程中的积极性,发挥其潜在价值,盘活资源,促进教师与家长的双向联动,在幼小衔接工作中形成合力。

　　"协商性家园互动",指教师与家长通过协商,就自身的主张、关切和问题进行平等对话和交流,减少分歧,加强合作。"协商性家园互动"孕育、建立和完善的是一种平等的对话机制和协商文化。协商和对话是主体间的行为,是协商主体间集思广益、发挥群体智慧、逐渐达成共识的过程。协商性体现了对每个个体的关照,协商内容可以将个体之间存在的差异,转化为宝贵的学习资源,从而提供精准的服务与支持。"协商性家园互动"打破了以往一元主导的单边格局,构建了多边协商的新模式。

　　重叠影响阈理论指明了教师与家长就儿童发展进行协商对话的必要性和可行性,幼小衔接发展共同体旨在通过减少教师与家长在幼小衔接问题上的意见分歧与沟通阻碍、增加两者共识的途径来促进家园互动的顺利进行。本节将从亲密关系、价值澄清、育儿指导三方面展示开展协商性家园互动的实践做法。

一、协商性家园互动的基础：了解和共情

　　关系,是教育的始终。协商性家园互动是以幼儿发展中的具体行为表现为出发点,以亲、师、幼三方协商为途径,以建构可持续发展的家园互动模式为目标,通过坦诚、平等的交流,直面主张、焦虑和争议,达成共识。协商性家园互动,是平等对话的机制和文化。

　　在全面建设高质量教育体系的背景下,开展协商性家园互动具有重大意义,它能够促使学校和家庭之间充分沟通,共同关注学生的教育发展,以提升教育质量。它还能够加强家庭参与教育的意识和能力,经济条件较差或教育资源不足的家庭受益更大,由此起到促进教育公平的作用。

　　了解和共情是协商性家园共育的基础,在把握幼儿基本发展水平和家庭情况的基础上,幼儿园可以采用集体、分组、个别等不同的形式进行协商性家园互动,形成有针对性的支持,分层、按需落实"隔空陪伴",支持幼儿的全面发展。

　　【理论联系实际】协商性家园互动的三种形式
　　●形式一：基于共同需求,采用集体形式实现协商性家园互动。针对年龄段特点设计家

园互动计划,通过公众号、孩子通等平台推送相应的亲子游戏、卫生安全贴士等,保障与每一个家庭日常的家园沟通,落实"一班一方案"。

● 形式二:基于相似需求,采用分组形式实现协商性家园互动。根据家长需求调查,与多家庭组成不同活动的互动团队,建议4~6人一组,与组内家庭协商互动需求和主题、商定在线互动时间和模式等,提高教师在线家教指导的效益。支持家庭自由组合,组团选择参与丰富的在线活动,运用微信电话、腾讯视频等多种在线形式实现师幼、同伴、各家庭间在云端相遇相伴,努力使亲、师、幼三方关系质量提升,落实"一组一设计"。

● 形式三:基于个性需求,采用个别点对点沟通的形式实现协商性家园互动。与每一个家庭达成对陪伴理解的共识,针对每个孩子探讨陪伴的时间、方法、内容,探索适宜的陪伴方案,落实"一幼儿一措施"。

二、协商性家园互动的关键:倾听与对话

协商性家园互动,本质的内核就是"对话"。在人类发展的历史上,对话是最基本的互动方式。对话不仅是人认识世界的方式,更是人认识本身的方式。不论哪一个领域,无不渗透着对话关系。在学前教育这个充满复杂多变实践情景的领域,作为核心要素的教师,其工作方式与工作意义主要是通过对话来完成的。在开展家园共育工作中,亲、师、幼三方也渗透着对话关系。而教师在这个过程中的使命,就是使教育的根本意义和价值在这三方关系中得以实现。

对话,让情感与智慧碰撞;
对话,让生活与课程相融;
对话,让个体与自己相遇。

一次次平等、自然、深刻的对话,亲、师、幼三方主体在经验共享中完成一种相互影响和相互滋养,形成家园双方紧密而舒适的联结!

通过与幼儿、家长对话,教师就会发现对话的重要性:它联结着孩子和家人的情感与生活,让彼此的生命得以相互滋养,珍惜每一天的陪伴;它尊重幼儿"动手操作、实践体验、亲身感受"的学习最佳落实途径,不浪费生活即教育;它帮助幼儿过好有节律、能自主的每一天,慢慢培育幼儿在不确定情形中的对生活的确定感。

第一步:与儿童平等对话

和儿童聊聊居家生活的"日常琐事",聊聊居家时光里,家里的大人们都做了哪些事情,让孩子们感觉棒棒哒! 这里的"我们",既可以是老师,也可以是协商下的家长。只有对话者之间感觉平等的时候,"对话"才能流动出最真实的信息。

第二步:聊聊自己的生活

当老师和孩子拥有了一样的"背景",使得老师和小朋友之间的对话就像朋友之间的聊天一样,小朋友会很好奇,老师的"乐活清单"里都有些什么? 这就是跳出了老师教育者的身

份,而成为真正意义上的"同伴"。

老师既可以在对话中传递有趣有爱的部分,也可以尝试把自己的生活作为教育资源,和大家一起分享,在与幼儿和家长的互动中示范乐观、积极、有腔调的生活方式。在那一刻,感受到彼此的关注与支持。

第三步:与家长协商对话

依据前期调查显示,各园在开展育儿指导工作时,尊重儿童整体性发展的教育规律,擅长将幼儿园园本课程中的各领域活动内容转化为育儿指导的主要内容。但同时也发现存在这样一个普遍现象:隔空互动呈现"以教师单向发起为主"的特点,教师与家长协同共育模式尚显单一。活动形式背后,折射的是亲、师、幼三方关系。

【来自一线教师的声音】

"我们这一届孩子和家长对于在线互动更熟悉和乐于接受。小班时我着力于隔空的情感互动,现在回想起来真的是个很好的基础;当下我更希望给予家长切实有力的幼小衔接支持,这也是基于对孩子的观察,与家长们协商后确定的。"

从情感层面到理性层面,共同成长的是孩子、家长、老师。

"我希望能给幼儿家庭提供更精准的帮助和指导。在观察中我发现,由孩子发起的游戏,往往让孩子玩得更尽兴,家长跟随孩子,也会发出惊叹。在征询中家长也有诉求:希望有一些能让老人直接参与进来,技术要求不高,适合在家祖孙相互陪伴完成的事情。我想就是我们平时说的'低结构高参与'的活动。"

成人最高质量的陪伴,就是以身作则树立被孩子们点赞的榜样。

"在家园共育过程中,有很多种方式了解家长的需求。比如,问卷、聊天。我会把这些结果进行分析,一方面获得每个幼儿家庭养育中的实际问题,制定个性化方案;同时又能把有同类需求的家庭组合在一起,进行互动,形式一定要接地气,就用自己班级孩子的素材,家长最爱听。"

在这段时光里,表面上可见教师与家长的沟通机会和频率增加了。这也提醒我们需要站在关系的视角,重新审视家长作为教育合作者的处境和作用。

协商,是通过一次次倾听与对话,让亲、师、幼三方在经验共享中完成一种相互影响和相互成全,并不是要去消除差异。恰恰相反,当发现令你"两难"的问题事件时,那正是成长的最佳契机。我们需要从各自固守的"领地"里跳脱出来,使自己渐渐走近他人,再用他人的目光反观自己,从对话中实现新的思想、精神和情感的联结。

三、协商性家园互动的催化剂:精准服务与支持

在"协商性家园互动"视角下,亲、师、幼如何一起走好幼小衔接"小一步",为幼儿积蓄入学准备能量呢?

第一步：和儿童在一起

我们通过开展差异分析，了解真实需求，试图揭开幼小衔接期孩子的真实生活体验和感受。我们发现，幼小衔接期的儿童可能会面临以下这四方面挑战：

【调查形式】 抽 象 → 形 象

幼儿问卷调查

- 走进小学，你可能听到什么声音呢？
- 蛋糕是甜的，小学会是什么味道呢？
- 如果要画小学，你会用什么颜色呢？
- 你觉得小学是一个怎样的地方呢？

我觉得小学一定是彩色的，一定有很大很大的足球场和篮球架。
我很想去小学，因为可以认识很多的新朋友。
……

图 9-1 上海市虹口区体育幼儿园围绕幼小衔接开展了亲、师、幼三方的调查

❖ **来自外部环境方面可能遇到的挑战……**

（1）来自新环境的陌生感；

（2）教室环境中的游戏特性和生活功能明显弱化；

（3）校园环境与园所环境定位不同（学习 vs 游戏）；

❖ **来自人际关系方面可能遇到的挑战……**

（4）任课教师的数量增加，容易产生陌生感和不适应（3 vs N）；

（5）班级学生数量增加，教师与个体幼儿的互动频率降低（集体 vs 个别化）；

（6）认识新同学，未建立稳定的伙伴关系，容易感到孤单；

（7）个别父母对幼小衔接关注过多，且集中在学业成绩上；

❖ **来自学习活动方面可能遇到的挑战……**

（8）从强调游戏为基本活动逐步转向以集体学习为主要形式的课堂；

（9）从关注兴趣与生成、强调综合性与生活化的主题活动，过渡到系统性强、结构化高的学科课程；

（10）学习过程中强调对个体的专注力、抑制控制等执行功能方面的要求大幅提高；

❖ **来自生活活动方面可能遇到的挑战……**

（11）一日作息从柔性的板块时间和边界逐步趋向更加规整的课程表生活；

（12）从全程有教师陪伴、帮助，转向独立自主、自我服务；

……

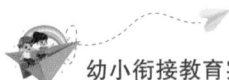

面对未知,人容易不知所措。如果你敏锐地发觉到幼儿或家长对幼小衔接的焦虑,不妨与他们聊聊以上这些可能的挑战,这样的协商互动过程其实是在帮助家长了解他/她的孩子所处幼小衔接阶段的心理需要。然后才是一同具体分析哪些挑战是可以渗透在日常生活中储备应对的——**身心健康、生活准备、学习准备、社会准备**;哪些挑战又是值得托付给未来、相信孩子是有能力来适应的。

教师精准地回应:学习准备之"阳阳学写字"

阳阳妈妈,关于写字那点事儿,通过上传的照片和结合平时我在幼儿园对阳阳的观察,阳阳的小肌肉发展还要加强哦!握铅笔和握画笔的感觉可不一样,掌握笔感是起步的关键。平时陪伴他的时候,爸爸妈妈能觉察出阳阳对汉字有认同意识吗?写字对他可能只像画符号,培养汉字兴趣比会写更重要。对于大班的幼儿,我们不妨从正确写姓名开始,利用他的姓名让写字变得更有趣——作名片、做各种好玩的标志,让他爱写乐写愿意写不是更好吗?稍后我会在家园平台上分享一篇幼小衔接的专业文章,正是关于认识学前儿童书写准备的,欢迎到班级主页"育儿指导"来看。

第二步:和我们在一起

聚焦入学准备,明确教育重点,这里就不得不先回顾一下 2021 年由上海市教委教研室提出的"入学准备七件事":

- ➢ 第一件:加强锻炼,保证每天户外活动 2 小时
- ➢ 第二件:增强自我服务能力
- ➢ 第三件:参与力所能及的劳动
- ➢ 第四件:时间观念与任务意识
- ➢ 第五件:提供独立阅读的机会,培养阅读兴趣和习惯
- ➢ 第六件:每天提供涂涂画画的机会
- ➢ 第七件:建构与探索沙水游戏

这七件事是幼儿在园一日活动中天天要经历的吗?没错!这就是以长远的眼光看待幼小衔接,将幼小衔接落实到具体的教育场景中去。鼓励幼儿园和老师从课程实施方案顶层设计、到学期计划、周(日)计划转化幼小衔接发展任务,让入学准备真实落地……

通过查阅相关文献、访谈身边的专家和优秀教师们,发现当幼小衔接的方式从线下转变为了线上,我们必须更多从家长的视角看待这个问题,提高自己让幼儿园课程可视化的能力,通过协商性家园互动,一起走好幼小衔接"小一步"。

课程可视化之"加强锻炼"

通过幼儿家长分享的一日作息安排,以及与幼儿在线互动时观察到的生活状态,我发现幼儿平时在家运动存在不够充分的现实问题,于是以问卷调查为先,知晓诉求、关注家长智

慧、衍生更多可能性。从身心两方面引领幼儿形成向阳生长的意识、态度和能力,运用自身的经验去化解变化带来的真实问题情境。如果说变化是唯一不变的,那么我们的教育就该引导幼儿积极面对无限可能的未来。亲、师、幼三方协同,正是为大班幼儿的幼小衔接积蓄"软实力"。

课程可视化之参与力所能及的劳动

劳动,立德之本。从小树立"劳动最光荣"的意识心态与习惯,有助于幼儿入学成长的社会性发展。花园幼儿园大班级组凝聚团队力量合作策划"劳动月"家园共育活动。

采访小调查:幼儿关注家人需要、感受家人情绪。老师也通过调查自己家人的一天,引出了"我"想和"某某"一起做的 6 件事,体现教师深度参与的意义。

快乐心愿单 & 我是小帮手:协商氛围中制定劳动计划、参与家庭服务,体验劳动过程中的助人为乐与独立自信。

劳动成果:从家园角度设计劳动成果,更能促进幼儿为他意识的形成,真正让家庭感受到活动对幼儿入学后社会适应的有用性。后期,我们还将从课程角度思考,劳动教育与幼小衔接的关系怎样更明确地渗透并体现于幼儿园三年生活中。

课程可视化之时间观念与任务意识

"孩子在家做事总是拖拖拉拉的……"是我班家长最大的困惑。通过点对点的沟通,我与家长、幼儿一起聊天,分析背后可能的原因,决定一起试试"时间储蓄罐"。

亲子协商选择一项略具挑战的任务;共同制定、调整相关规则;用幼儿看得见的方式,在他们亲手制作的"储蓄罐"中进行自我评价;积攒储蓄时间,做自己最想做的事,制定"时间管理"个性方案。此活动让家长真切感受到幼儿正逐步学习规划和管理时间,有了一定的时间观念,这是幼小衔接的重要发展目标之一。

课程可视化之提供独立阅读的机会

家园协同开展"阅读123"活动。以亲、师、幼协商为基础,以幼小衔接为目标,努力在家园共育背景下为幼儿打造通向小学的衔接桥梁。

TIP 1:开展家长调查问卷,全方位了解家长在幼小衔接中的困惑与需求;

TIP 2:以家长的需求为起点,聚焦幼儿年龄段特点,以阅读为载体助力幼儿综合能力的提升;

TIP 3:以个性化、类别化诉求为依据,开展点对点式、分组式的阅读活动。例如,阅读聊天室、图画书辩论会等。

第三步:和家长在一起——面向未来,擘画育人同心圆

2022 年 2 月教育部印发《幼儿园保教教育质量评估指南》对"家园共育"提出四层次要求:

(1) 幼儿园与家长建立平等互信关系,教师及时与家长分享幼儿的成长和进步,了解幼儿在家庭中的表现,认真倾听家长的意见建议。

家园关系之"望闻问切"

"望闻问切"——中国传统中医的诊疗方式之一,在幼小衔接过程中,我们的思考和实践

不约而同与此相关。

望——观察。教师基于两年多来对班级幼儿、家长的了解，借助日陪伴的主题活动反馈、周相约的云端视频互动等活动，进一步观察、了解幼儿的入学准备情况，聚焦问题和需求，让幼小衔接活动的开展有的放矢。同时，鼓励家长观察孩子的行为、变化，在教师的支持下解读、理解孩子。

闻——倾听。通过问卷调查、视频互动、个别交流等多种方式，教师倾听幼儿、家长对于上小学这件事的真实需求和困惑，同时引导家长倾听孩子内心最真实的想法。让倾听拉近亲、师、幼三者之间的关系。

问——对话。伴随着观察、倾听，教师逐步推进幼小衔接系列活动。例如，在参观小学的活动中，幼儿园教师、小学教师、幼儿、家长共同参与，多元互动，教师从聚焦困惑的主动询问到引发思考的深入追问再到激励行动的协商切问、跟进慰问，引导幼儿在观察比较、对话交流中了解小学生活，建立积极的入学期待；帮助家长认识并树立正确的教育理念；在支持幼儿运动、劳动的过程中培养坚持性、任务意识、自我管理等学习品质。

切——共情。情感的力量强大并始终贯穿于望、闻、问的过程中。教师理解幼儿和家长对于入学的担忧和焦虑，用专业的力量以情共情，引发他们对于小学生活的向往之情，支持亲子共同做好全方位的入学准备。

（2）家长有机会体验幼儿园的生活，参与幼儿园管理，引导家长理解教师工作对幼儿成长的价值，尊重教师的专业性，积极参与并支持幼儿园的工作，成为幼儿园的合作伙伴。

价值澄清之"我的团长"

当爸爸妈妈忙着当志愿者时；当一张张"志愿者"的统计表出现时，我们尝试通过协商性家园互动，共同倾听幼儿的想法、尊重幼儿的兴趣、肯定幼儿的能力，让幼儿能够参与他们正好奇的志愿者工作中，让家长发现生活中的点滴都能成为教育的契机。

这次由协商而来的"统计"活动，不仅让孩子们了解了统计的各种方法、丰富了对于数的认知，更让他们收获了那份作为"小志愿者"的责任感与自豪感，而这些都赋予了教育更深的价值。教育从来不只是一个个冷冰冰的知识点，而是温暖的力量。同时，通过这次活动，也让家长和教师之间有了默契，回归生活，共同探寻新的幼小衔接模式。

（3）幼儿园通过家长会、家长开放日等多种途径，向家长宣传科学育儿理念和知识，为家长提供分享交流育儿经验的机会，帮助家长解决育儿困惑。

协同育人之"小幼衔接"

我们携手学区内的小学开展"双向衔接"，将"幼小衔接"和"小幼衔接"进行结合，在保持幼儿园和小学独立性、特殊性的基础上，开展连续性的双向研讨与实践，为幼儿顺利进入小学搭建合理阶梯。

小幼双方努力打通"家、园、校"三方壁垒,形成立体化的互通渠道,开展"云上研讨""家园校互动""参观小学"等多样化活动,双方衔接,三方链接,形成教育合力,助推幼儿顺利度过衔接期!

(4)幼儿园与家庭、社区密切合作,积极构建协同育人机制,充分利用自然、社会和文化资源,共同创设良好的育人环境。

大人们会担心幼小衔接期间幼儿的承受能力,然而孩子们却比我们想象的要勇敢、智慧、有爱。我们没有办法预知千变万化的未来,但我们却可以给孩子一个面向未来的教育生态。帮助家长增强教育角色意识,树立教育信心,提高教育能力。去感受情绪与情感,去表达需求与渴望,去体验失败与成功,去认识自我与他人,去实践信念与理想……这就是我们应帮助孩子们挑战未来所做的准备、所积蓄的力量!

第十章

线上线下融合的幼小衔接指导

教育是一个系统性的工程,离不开家、园、社之间的相互协作与配合。本研究从线上到线下,站在"关系"视角,重新审视教育的核心,帮助教师积蓄自我成长的力量,开展线上线下融合的幼小衔接指导活动,指向协商性家园互动,让幼小衔接发展共同体得以生发。

第一节 "居家小锦囊"让家长成为入学准备的同盟军

合作,让经验得到分享。通过面向全区幼儿园教师征集幼小衔接家园共育智慧,我们为大班幼儿家长支招,从幼儿身心、生活、社会、学习四方面进行入学准备。使用在线表单,共征集了300多名教师的4 000多条实践智慧。收集到以上信息后,组织"智慧教师"携手"妈妈脑库",对标教育部《幼儿园入学准备教育指导要点》及《上海市幼儿园办园质量评价指南》,从家长视角进行对话、梳理和选择,最终提炼了《幼儿园入学准备居家指导锦囊》。小小锦囊,尽显教师的温馨与智慧,谱写了家园共育的新篇章。

一、身心准备

1. 如何让孩子向往入学?

家长多与孩子讨论关于小学的事情,倾听幼儿对于小学的好奇、疑问或担忧,也说说家长童年时入学的趣事,积极地与孩子沟通所面对的问题。家长自身要以积极的态度感染孩子,避免将焦虑的情绪传递给孩子。

帮助孩子初步了解小学生活,鼓励其多与认识的小学生哥哥姐姐交流,提前了解小学生活,对小学生活产生兴趣。

也可以用满满的仪式感开启入学准备。如:

- 一起观看一部关于学生生活的纪录片
- 和孩子一起走一走去小学的路
- 一起选购合适的学习用品
- 使用日历陪伴孩子,每日圈出入学倒计时

● 拍一张毕业照,也拍一张开学照

2. 如何让孩子经常保持良好的情绪状态?

家长自身要经常保持良好的情绪状态,感染和影响孩子。避免因自身的不当做法给孩子带来对小学的负面情绪,以接纳的态度对待孩子,对孩子的合理需求给予及时、有效的回应。

选择能给孩子带来情绪、情感体验的图画书,进行亲子共读,引导孩子恰当表达消极情绪,学习积极应对和化解的方法。

家长每天留有5~10分钟和幼儿单独交流的时间,聊聊今日趣事,引导幼儿多关注生活中积极乐观的事情,养成乐观心态。

开展"解忧杂货铺""情绪头脑风暴"等家庭活动,与幼儿共同分享心情,诉说烦恼,互相陪伴,互相解决彼此的烦恼;还可以探讨情绪的来由,激发幼儿思考可以怎么解决问题、正确表达和化解情绪。

保证每天的运动量。运动能促进多巴胺的分泌,提高人体的正面情绪,增加大脑的活跃度并放松神经。

3. 如何发展孩子的精细动作?

在家为孩子准备一些小型乐高、拼图、拼豆、折纸等玩具,在游戏中锻炼手部小肌肉的发展,也可以和孩子一起玩剪纸、泥塑、挑帮帮、手影等民间游戏。

在日常生活中鼓励孩子自己系鞋带、熟练地扣扣子,还可提供择菜、洗菜、剥虾、剥鸡蛋、剥豆、晾晒小衣物等家务劳动的机会。

二、生活准备

1. 如何帮助孩子养成良好的生活习惯?

根据自己制定的一日生活计划表,按时睡觉、起床、吃饭,养成规律的作息习惯。

保持良好的卫生习惯。例如,用正确的方式洗手,保持正确的姿势写字和画画、爱护眼睛,减少使用电子产品,学做眼球操,每天早晚都坚持刷牙,正确使用厕纸等。

和幼儿讨论在家想做的事,一起制作任务卡和目标盒子。幼儿想到什么目标就把它画下来插到目标盒子里,每天抽一个出来,既是当天的小目标,也是一份小期待。

2. 如何提高孩子的生活自理能力?

孩子的生活需自理。例如,独立起居,会自己正确穿脱衣裤;关心天气预报,外出运动时自觉增减衣物;根据自己的需要自觉喝水。

引导孩子自主分类整理和存放个人物品。例如,自主分类整理自己的书包、书桌、玩具、图书等;与孩子一同讨论规划卧室内物品的摆放位置,也可给孩子准备自己的小书桌和小椅子,及早规划学习区。

引导孩子逐步树立时间观念。例如,可通过制定生活计划表、观察时钟、在活动中使用沙漏、定时器等方式来观察、感受时间,鼓励孩子在规定的时间里做一件事。

3. 如何让孩子参与家务劳动?

把家务劳动纳入"每日计划"中。例如,择菜、洗菜、摆放碗筷、餐后整理餐桌、洗碗、扫地、拖地等。

引导孩子尊重身边为自己服务的人,珍惜他人的劳动成果。例如,尊重家中的长辈、医护人员等。注重培养大班幼儿的社会情感,帮助孩子初步理解劳动的社会意义。

谨慎选择奖励方式,减少物质类外部奖励,和孩子一起感受劳动带来的快乐与智慧。例如,设置家庭劳动奖章,夸夸劳动果实为家人带来的美好生活体验。也可以用闯关、打卡等游戏形式激发幼儿参与劳动的兴趣。

三、社会准备

1. 如何促进孩子之间的交往合作?

给孩子提供与周围人员交往的机会。比如,委托孩子去邻居家递送物品,引导孩子尝试用现金在超市购买商品,向收银员表达自己的需求。

营造宽容、接纳的亲子氛围,提高亲子陪伴的质量,鼓励他们表达自己的想法和需求,不用对错简单评价。

家长与幼儿就某一目标去讨论和计划,然后在分工合作中实施。比如,野餐、踏青和搭积木等,注重合作能力培养。

在条件允许的范围内,和小区里的孩子共同游戏,尝试共同做计划、做准备,一起策划一个社区活动。鼓励幼儿认真倾听同伴的想法和建议,当意见不一致时说明理由,学习协商解决问题,达成一致。

2. 如何培养孩子的任务意识?

关注孩子"一日计划表"中每项内容的完成度,跟孩子们聊一聊完成计划表时的困难以及所思所感,并根据内容进行优化。

在日常生活中交给孩子一些小任务,帮助孩子在接受任务时具有初步的分析方法和简单的逻辑思维。让他们独立完成任务,家长负责结果的检查及跟进。当任务难度较大时,可以将一个任务切分成几个小任务或阶段。

3. 如何让孩子热爱集体?

鼓励孩子在家多做力所能及的事情。与家人一起出谋划策,合作完成一些家庭事务。

和孩子一起关注新闻联播、城市新闻等,关注身边事,了解国家和家乡上海最近正在发生的重要的事情,如身边充满正能量的人和事,激发幼儿对家乡的热爱。

可通过实地参观、网上云游等形式熟悉博物馆、科技馆、红色场馆的主题和内容,引导孩子感受家乡和祖国的繁荣美好,激发他们的热爱之情。

和孩子一起参与力所能及的公益活动。例如,省下零花钱、压岁钱献爱心,或做些力所能及的劳动帮助他人。

四、学习准备

1. 如何培养孩子良好的学习习惯?

开展一些锻炼孩子专注力的小游戏,如拼拼图、拼拼豆、拼乐高等。进行一些需要专注力的活动,如弹琴、画画等,不要在孩子专心做事的时候跟他们讲话或给他们吃的打扰他们。也可以选择合适的材料进行专注力练习,如"I SPY视觉大发现"系列丛书,寓教于乐。

坚持做好一件事情。和孩子们一同协商,选择一件重要的小事并坚持做下来,让孩子有重复和试错的机会。

亲子游戏中可增加需要控制意志力的活动。如下棋,这是学龄前孩子喜爱的一种游戏,无论什么棋都可以玩,只要他/她感兴趣,就陪他/她多玩,这是促使孩子思维活跃、增强注意力的好方法。

支持孩子独立思考并敢于表达。例如,跟孩子讨论问题时,如果孩子提出不同的观点,不要去否定,而是要多听他们的想法。

认真对待孩子们的提问,鼓励孩子在遇到问题的时候先独立思考,引导他们用书籍、网络等途径寻找答案。

2. 如何培养孩子的学习兴趣?

和孩子一起留心观察生活中的事物和现象。例如,每天观察记录"植物迷宫"的生长情况,利用生活用品做科学小实验。

和孩子到大自然中去感知和发现;耐心等待孩子观察与提问题,鼓励提问与发现;如果孩子没有问题,家长也可以用反抛问题的方式回应孩子,让孩子自己思考为什么。

和孩子一起共读或共听你们都喜欢的儿童文学作品。

锻炼孩子们的讲述能力。一方面可以通过故事讲述,另一方面可以聊聊今天发生的好玩的事情,鼓励孩子把过程以及自己的感受或疑惑说清楚。

在日常生活中帮助孩子识字。例如,将指示牌、包装袋等上面的内容念给孩子听,也可以借助甲骨文翻翻卡之类的玩具来帮助孩子识记汉字。不要用填鸭式和任务式的枯燥记忆挫伤孩子对文字的兴趣和敏感性。

3. 如何培养孩子的学习能力?

鼓励孩子用图画或符号等不同形式表达自己的想法,感受汉字与符号在生活中的实际用处。例如,提供日记本每天涂涂画画,给喜欢的家人、同伴寄一张明信片。

和孩子一起挑选喜欢的文具和记录本,鼓励孩子用图画和符号结合的形式记录自己的一日生活,包括有趣的发现和快乐的体验。和孩子聊一聊记录中的内容。

当孩子有自发书写的行为时,示范正确的书写姿势、握笔姿势以及坐姿。避免机械训练写字和简单评判写得对不对、好不好。

鼓励引导孩子用数学解决生活中的问题,感受数学的有趣和有用。例如,日常生活中的统计、测量等。

支持孩子自己造玩具。例如:用纸盒、纸箱等各种生活中常见的材料搭建自己的玩具或游戏场景;尝试不同的纸工组合,积累从平面到立体的几何经验。

和孩子一起在家玩科学小实验,为孩子们打开科学的大门。

第二节 "伴儿七件事"厘清学前教育的独特价值

身为父母,都希望孩子能够顺利地适应未来的小学生活。科学的入学准备,应该引领孩

子踏踏实实走好幼儿园的每一步。丰富生活经验、养成良好习惯、涵养健康品格，才能为后续的学习奠定良好的基础。洗手、吃饭、上厕所、整理物品，帮爸爸妈妈做一些力所能及的家务……这些日常生活当中看似简单的事情，却需要孩子在日复一日地"做"中习得，自然而然中养成良好的生活习惯。从生疏到熟练，从需要帮助到独立完成，他们的手越来越有力量、越来越灵巧。他们自主独立的意识也得到尊重和鼓励，从而变得更加自信。

入学准备是幼儿园教育的重要功能之一，三年的幼儿园教育一直在为孩子入学做准备。在幼儿园里，幼儿接受全面发展的教育，他们在情感、能力、态度等各个方面都在做着准备。科学的入学准备，能够引领孩子踏踏实实走好幼小衔接的每一步。对家长来说，如何科学育儿，帮助孩子平稳过渡？对幼儿园来说，如何为幼儿提供在园期间优质的学习与发展机会，奠定良好的生活与学习基础？我们回顾初心，科学伴儿。通过"伴儿入学准备七件事"系列微课，澄清学前教育的独特价值。

一、伴儿七件事之一：加强锻炼，保证每天户外活动两小时

充足的户外活动可以让孩子的大脑和身体得到更充分地发育

● 满足孩子爱玩好动的天性，增强体质，促进四肢协调
● 以阳光和新鲜空气为伴，亲近大自然，观照生命
● 激发孩子的观察力、想象力、创造力，活跃大脑

场景一：

乐乐妈妈说：工作很忙了，周末就想宅家躺着，甩给娃一个手机，随他刷视频还是玩游戏，我只要片刻的安静。

于是，五六岁的孩子拿着手机刷视频，笑得前仰后合；学龄前孩子谈论着游戏中的画面、人物，聊得热火朝天。这样的画面，是不是很熟悉？

场景二：

宁宁妈妈说：我们不让孩子接触电子产品的，也没有上任何的课外班，小孩子眼睛会坏掉的。我们一直很注意在家里陪伴孩子一起玩。户外？户外是不去的，户外的环境太脏了、有很多细菌，衣服也会脏的，而且户外温差大，孩子很容易着凉。

于是，我们常常看到，孩子乐高、积木玩得很溜，来到大自然却"不会玩"。

……

孩子的时间是固定的，做了这个就没时间做那个。不适当的活动，占用的是有益活动的时间，于是，孩子的发展便往其他方向岔开了一些。想要回到正轨，就需要付出成倍的努力，因为时间不会因为任何人而停留，孩子每天都在长大……

电子产品的快速反应，会让人缩短耐心，从而无法忍受辛苦的思考活动。幼儿需要在摆弄实物、接触现实、与真人互动中学习。上学后的学习能力，都是以幼儿期的发展为基础的。

学前儿童的发展是整体性的。户外活动是以阳光和新鲜空气为伴、以个体或群体的方式、动用全身感官共同参与的活动。在户外活动中，孩子的大脑更积极活跃，想去主动做事，

想去尝试新的玩法，而不是被动接受。这样入学以后学东西也会更积极、更主动。

陈鹤琴先生说："小孩子是喜欢野外生活的。"户外是一个开阔的天地，也是一本很好的教科书。户外活动可谓好处多多。

1. 大自然是强健孩子体魄的天然操场

户外活动满足了孩子爱玩好动的天性，同时也能增强孩子的体质。在大自然中，孩子们可以充分地享受"阳光浴、空气浴、水浴"。紫外线有杀菌作用，可以预防很多疾病；新鲜的空气能提高内脏器官功能，减少呼吸道疾病，增强机体对外界的适应能力与抗病能力。

研究表明，孩子在户外每多待一小时，患近视的风险就会降低 2%。同时，在户外，孩子们可以任意地奔跑、跳跃，锻炼他们的大肌肉群，增强体质。

户外运动游戏——"脚不沾地"抓人游戏

在户外，爸爸妈妈和孩子们来一场酣畅淋漓的运动，那是最合适不过了！锻炼身体的同时，也增进了亲子感情，何乐而不为呢！"脚不沾地"抓人游戏开始了，来抓人啦！为了防止被抓住，双脚不要着地。

活动过程：

爸爸妈妈和孩子一起确定游戏场地范围。（最好是空旷的草坪）

用猜拳决定谁抓、谁逃。

抓的人从 1 数到 10，逃的人开始逃跑。

为了不被抓，逃的人脚不能沾地，要么站在石头上，要么抱着树干，把脚挂在树枝上……

脚着地的人被抓住了，就成了抓的人，游戏重新开始。

2. 大自然是培养孩子审美的优秀画师

春天的微风、夏夜的蝉鸣、深秋的落叶、冬日的雪花，大自然的美无法用言语形容，只能亲身去感受。俄国作家谢德林说："如果在孩子和大自然之间没有任何直接而生动的联系，那么最鲜明、最绚丽的图景也不能使他动心。"这就足以说明了大自然对孩子美育的作用。当孩子置身于户外时，他全身的感官就被自然而然地调动起来，去看、去听、去触摸、去体验，去感受大自然的美好。亲近自然的同时，美商也随之提高。

户外艺术游戏——鲜花项链

春天是个万物复苏、令人愉悦的季节，到处鲜花盛开。一场春雨过后，地上铺满了温柔的花瓣，这是多么美丽而又有趣的艺术创作素材呀！和爸爸妈妈一起做根鲜花项链，戴上项链坐在草坪上，晒晒太阳，吃个丰盛的野餐下午茶，感受大自然，感受美。

活动过程：

准备一根塑料针，在针上穿上麻绳。

收集掉落在地上的花朵、花瓣。

用针将花瓣、花朵穿在线上。

将线的两端系起来，挂在脖子上就是鲜花项链，戴在头上就变成了鲜花发带。

3. 大自然是激发孩子探索的神秘实验基地

大自然中藏着无穷无尽的奥秘,在户外活动的过程对孩子来说就是一次探索自然、主动学习的过程。大自然能教会孩子很多知识,这些是父母、老师、电脑、手机都给予不了的知识。而且在户外,孩子的状态比在室内来得更为放松,情绪也更加愉悦,他们能够跟随自己的内心世界去探索外在世界。此时的大自然就是一个天然的实验基地,能激发孩子无限的想象力和创造力。

户外科学游戏——小精灵之家

形形色色的树枝是大自然馈赠给我们的宝物,在温暖的秋日午后,拾点树枝、捡些树叶,和孩子一起畅想一个"精灵"童话,共同动手建构一个小精灵的家,还有比这更浪漫的事吗?在建构的过程中,要想方设法让房子坚固、平衡,这会涉及各种 STEM 概念:气候、环境、测量、科学探究、结构工程等,真正地做到在玩中学。

活动过程:

给孩子讲一个小精灵的故事(绘本或即兴创编),一起沉浸到童话故事中,然后提出主题——给"小精灵"建个家。

收集材料:落叶、树枝、石块等。(注意:不要破坏环境哦!)

一起动手搭建。

测试精灵的家稳固吗?(将搭建好的房子放在平面上,设法使它保持平衡。)

用彩色的自然材料进行装饰点缀。

总之,自然界是那么奇妙、美好,让孩子们多在自然里成长吧!走!到大自然中去!我们相信,亲身体验能让孩子们更多地感受到世界的丰富和有趣,感受到自然与生活息息相关,而不再是大自然的旁观者。只有走近大自然,才能更热爱生活、更快乐成长,更了解生命的意义。在这里给大家推荐一本关于户外游戏的书,书名叫《孩子们,到外面的世界去玩吧》,里面有许多有趣的户外游戏,能让家长们更好地成为孩子的玩伴。

二、伴儿七件事之二:增强自我服务能力

培养幼儿自我服务能力的好处

● 习惯养成,终身受益

● 促成独立、健康、自信的人格塑造

● 获得生活智慧

增强幼儿自我服务能力的途径

● 学会照顾自己——累积经验,提高能力,动手锻炼,培养独立意识

● 学会照料环境——打扫整理,美化家园环境,培养责任意识

● 学会照护同伴——渗透一日活动中的互帮互助,激发团队意识

生活自理能力是孩子开展照料自己生活的自我服务性劳动的能力,是一个人应该具备的最基本的生活能力。"自己的事情自己做",就是幼儿自我服务的体现。这句话仿佛口号

一般朗朗上口,似乎人尽皆知,但仍有大部分家长认为只要学习好就行了,不需要培养幼儿的自我服务能力。事实真的如他们所想吗?"湖南神童"17岁时便考上了中国科学院的硕博连读研究生。他的母亲为了让他专心学习,家里任何事情都不让他插手。母亲给儿子洗衣服、端饭、洗澡、洗脸,甚至在他高中时还要喂饭,导致他冷热不知穿脱衣,房间不会打扫,脏衣服、脏袜子到处乱扔,最后连硕士学位都没拿到就被学校劝退了。

《幼儿园教育指导纲要》和《3~6岁儿童学习与发展指南》中指出:要重视幼儿自我服务能力的培养,使孩子具有基本的生活自理能力。这不仅有助于培养幼儿的独立性、责任感,也有助于培养幼儿的自信心和解决问题的能力。

幼儿从幼儿园升入小学,不仅要求他们储备一定的知识,也要求他们具备基本的生活自理能力。例如,自己穿衣、自己整理书包,会擦桌、扫地等。我们在幼儿园入学准备教育工作中也要重视培养幼儿的自我服务能力。我们可以通过一些小事情,让孩子们"自己的事情自己做",提升他们自我服务的意识。在这里和大家分享几件在家即可培养孩子自我服务能力的小事情。

1. 备餐炒鸡蛋

参与家人们的做饭环节,一方面可以拉近亲子关系,另一方面更是可以提升幼儿的自我服务能力。敲鸡蛋作为炒蛋的备餐环节,看似小事一桩,但是颇具挑战性。控制敲蛋的力度、掰开蛋壳的敏捷度都有讲究。打蛋的手势、方向的一致、力度的控制、动作的持久都不容小觑。或许孩子会把蛋壳也打进去,一不小心还会摔碎鸡蛋、打蛋的时候打碎碗、打蛋坚持不住了……这些意外虽然会给我们带来一些麻烦,但要坚信他们在多次尝试后,会越做越好,成功的体验越来越多,也更加愿意参与这一环节中。

我们需要注意的是,孩子犯错时,父母的态度决定了他能否继续坚持他的"敲鸡蛋"工作。我们要允许不完美的合理存在,多些宽容,多些鼓励,少些责怪。同时教给孩子正确"敲鸡蛋"的方法,避免失误再次发生。

2. 冬天包肚子

在天气逐渐变冷的情况下,小朋友很容易受凉,导致感冒等疾病。引导孩子自己包肚子,塞好裤子,使小肚子不外露,是做好保暖工作很重要的一环,也是帮助孩子自我服务的好途径。

动作示范,及时鼓励。我们常说:"授人以鱼不如授人以渔。"哪怕看似简单的包肚子,成人也要耐心给孩子示范,鼓励孩子坚持。示范动作的时候要慢,一边示范一边讲解,难度较大的地方可提醒孩子注意观看动作要领,重复示范。当孩子成功将衣服塞进裤子里时,要及时肯定和鼓励,"哇,宝贝,你能做到自己包肚子了,真不错哦!"让孩子体验到独立完成后所获得的快乐,增强自我服务的信心。

儿歌辅助,生动形象。我们在教孩子包肚子的时候,可以通过儿歌使孩子更容易掌握"包肚子"的要领,如:裤子放放松,衣服拉拉长,裤子包衣服,肚子真暖和。孩子一边唱儿歌,一边包肚子,让这个自我服务的过程更加愉快。

上述两件事情以外,我们也可以从孩子力所能及的事去挖掘,诸如自己收拾书包、整理

房间等,创造机会,让他们参与更多的自我服务。

3. 值日生机制

一方面可以激发幼儿家庭小主人的责任意识,另一方面让孩子参与某些家务劳动,可以发展幼儿的自我服务能力。

通过家庭会议确立家庭值日生的工作范畴,如就餐前分发碗筷、扫地、摆放鞋子、照顾家中的植物、收拾衣柜等。小家务,大智慧。浸润式的服务体验,将自理能力的培养与生活技能、生活习惯、生命价值相融合。譬如要把衣柜收拾好,就要孩子在巩固叠衣服的基础上,首先考虑衣服在隔层中横着放置还是竖着放,这牵涉到怎么放会比较省空间,能放置比较多的衣裤;接着按照季节、家庭成员的需求进行摆放,在这个分类叠放的过程中,需要考虑如何能够整齐叠放、使衣裤不倒塌等因素。在规划空间、分类叠放、整齐垒高、按需摆放的过程中实现自我服务能力的提高。还可以定期评选家庭值日之星,给幼儿体验自我获得感的机会。

体验、实践"值日生"越来越多被作为班级文化机制来采用,这一方面可以激发幼儿的责任意识,另一方面可发展幼儿的服务能力。比如,运动前互帮互助垫汗巾,游戏结束组织整理归放玩具,餐前准备帮助保育老师分发碗筷,自由活动照顾植物。这些值日生工作不仅有助于组织管理能力的锻炼,更有助于服务能力的提升。建立以班级为单位的自我服务评价机制,幼儿通过自评、他评推选"值日之星""服务明星",这对自我服务能力的评价和情感体验起到助推作用,可谓一举多得。

生活即教育,劳动亦是课程。自理能力不是与生俱来的,自理能力的培养是一个漫长的过程。自己的事情自己做,从而享受成功的乐趣,是成长的必经之路。孩子生活自理能力的形成,有助于培养其责任感、自信心以及自己处理问题的能力,对其一生都会有深远影响。因此,孩子能做的、愿意做的事,就放手让他大胆尝试,让他自己去体验。在孩子锻炼自我服务能力的过程中,我们成人应予以最大的支持和鼓励。哪怕经历挫折和失败,仍然可以在一次次的挑战后成功,那时,我们将为孩子越来越强的自我服务能力和自信心感到骄傲!

三、伴儿七件事之三：参与力所能及的劳动

● 引导幼儿承担适当的劳动任务。和幼儿一起制订班级劳动计划,鼓励幼儿自主确定任务分工并有计划地完成。教师要关注他们完成任务的情况,及时予以鼓励和指导。

● 鼓励幼儿参与力所能及的家务劳动。如：摆放碗筷、餐后整理餐桌、洗碗、扫地、清除垃圾等,并指导他们学习正确的劳动方法。家长以身作则,分工做好家务劳动。

● 引导幼儿尊重身边的劳动者,珍惜劳动成果。帮助幼儿了解父母及老师、食堂厨师、幼儿园保安等的工作特点,讨论他们付出的劳动给自己带来的服务和便利,学会尊重和珍惜他人的劳动成果。

2022年,教育部正式印发《义务教育课程方案》,将劳动从原来的综合实践活动课程中完全独立出来,并发布《义务教育劳动课程标准(2022年版)》。明确了课程要求：小学低年

级主要围绕劳动意识启蒙,让孩子学会生活自理;小学中高年级养成劳动习惯,主动分担家务,学会合作。

"幸福的生活从哪里来? 要靠劳动来创造!"这首爸爸妈妈们耳熟能详的《劳动最光荣》歌曲,告诉我们热爱劳动的意义。从培养的角度学习照料自己、学做一些家务是孩子从依赖他人到走向独立的必经之路。然而,我们常常看到:身边的家长送孩子到各种兴趣班学习,但却剥夺了孩子在家里自己动手做家务的机会;很多小学生在放学后,都是由成人替他们背着书包;在学校安排大扫除的时候,成人也会催促孩子赶快完成离开,或是直接替孩子动手包办。这种忽视劳动教育对孩子发展价值的行为,造成了孩子出现不爱劳动、不会劳动、不珍惜劳动成果等问题,令人担忧。

那么,要如何让孩子习惯参与家庭劳动呢? 下面这几点并没有在语言上引导孩子,却能够潜移默化地影响孩子的行为。家长可以在日常生活中尝试。

1. 给孩子提供家务劳动的机会

让孩子做家务的目的不是把事情做完,而是塑造一个能从家务中得到乐趣的孩子。请孩子来帮帮忙吧,让他自然地加入家务工作。例如,做菜的时候让孩子帮忙打鸡蛋、邀请孩子一起来收拾玩具或书籍等。这样做的好处,是让孩子明白,家务不是特定属于某个人的,而是家庭成员都必须负担的一部分,并且这种帮忙的方式能够提高孩子的参与感,增强他的责任意识。

2. 允许孩子从小帮手逐渐变成小能手

孩子的潜意识里总是希望自己能通过为家庭做些力所能及的事情,来证明自己的价值与能力。但年龄小的孩子,在帮忙的时候可能会让家里变得更混乱,比如挥挥扫帚却只是扬起了灰尘。这时候,请不要急着过来收拾残局,家长的介入会让孩子感到很气馁,无法从家务中获得成就感。舍弃完美主义,不要为了追求最佳而打击了孩子劳动方面的自信心。

3. 永远记得孩子有他想做、应做、能做的事情

每个孩子都有自我能动性,他们也有属于自己的行为目标。我们的教育就是要帮助孩子形成自我,帮助孩子去找到他眼前的生活目标,帮助他实现。这样的实践机会,其实就在我们身边,就在我们的劳动教育里。不要强行给孩子指定特定的家务活动,我们可以让孩子选择,例如问问孩子收拾房间和洗碗,你想做哪一件事? 或者让孩子制定一个家务分工清单,让孩子自己选择其中的一两项。这样一来,孩子对自己更有掌控感,也更容易激发内在做事的动力,学习计划也是同理。

另外,很多人认为让孩子做"力所能及的事"就是让孩子做简单、容易的事,其实不然。中国幼教之父陈鹤琴先生认为,让孩子做的事,不应该太难,也不能太容易,"须在他的能力以内而仍非用力不可的"。劳动教育将会对孩子日后解决问题和主动学习的能力发展起到至关重要的影响。

4. 要谨慎地选择奖励方式,和孩子一起向内看

尽管很多家长意识到了孩子做家务的重要性,但他们却错误地用奖励的方式诱惑孩子,例如用奖励玩具、看电视的时间和金钱等方式。而发展研究显示,幼年的孩子天生就有帮忙的倾向,但如果大人仅仅通过外部物质奖励刺激他们的劳动行为,那么这个行为很快就会消

失,因为外在的奖赏会抵消他们从内在得到的报酬。

　　培养孩子做家务,就是让孩子具备好好生活的能力。会好好生活的孩子,实践能力、合作能力、观察变通能力和责任感都不会差。走上社会以后,不再是像学校里一样用分数来进行评价了,相反,工作上会更加看重一个人做事的能力。正如教育家苏霍姆林斯基所说的:"请你记住,劳动不仅是一些实际的技能和技巧,而首先是一种智力发展,是一种思维和语言修养。"

　　事实上,大班孩子的生活自理能力已经比小班、中班更强,大班孩子更独立,多数孩子对劳动都抱有认真的态度,也更关心劳动结果,在劳动中表现出一定的目的性行为。此时,家务劳动应更注重幼儿社会情感的培养,帮助孩子初步理解劳动的社会意义。

四、伴儿七件事之四:时间观念与任务意识

　　● 专注力、坚持性、计划性等学习习惯的养成,不仅有助于幼儿入学后更好地胜任新的学习任务,且能让幼儿受益终身。
　　● 培养幼儿的时间观念与任务意识,需要家园共育。

　　其实,入学准备是一个循序渐进的过程。幼儿在园的三年时光里逐步培养起健康的体魄、积极的态度和良好的习惯等身心基本素质。在此基础上,我们根据大班幼儿即将进入小学的特殊需要,入学准备教育也可有所侧重。在这里和大家分享三个重要学习品质的培养,它们是幼小衔接阶段家园协同培养孩子时间观念和任务意识的关键。它们就像一个人成长中的三颗"能量宝石",不仅有助于幼儿入学后更好地胜任新的学习任务,且能让幼儿受益终身。

1. 第一块能量宝石——专注力

　　专注力是孩子学习品质很重要的一个方面,从幼儿园阶段就要培养和重视。我举个例子,我女儿幼儿园阶段就很喜欢捏橡皮泥、做手工、搭乐高,其实这一类需要长时间才能完成的游戏,千万别小看了,这些活动都是在培养一个孩子的专注力和坚持性。幼小衔接阶段的幼儿要能专注地做事,分心时能在成人提醒下调整注意力,这就需要爸爸妈妈在家也有意识地增加需要一定专注力才能完成的游戏和活动。对需要多次探索的活动,要提供足够的时间和空间,鼓励支持孩子持续完成,避免因活动频繁转换而干扰孩子专注做事。比如,不要在孩子专心游戏和学习时打扰他,给他送东西吃、逗他玩等。

　　另外,不得不提到一个培养专注力的强大对手,就是电子产品。我个人反对每天给孩子太多屏幕时间,主要原因是接触太多电子产品会妨碍孩子的专注力以及占用动手操作这一重要的发展机会。很多家庭里,电视仍然是像灯一样永远开着,成了背景画。我建议有选择得看固定节目,节目结束就关电视。我知道有些人家里只要孩子在,就不开电视。其实完全不看也没必要,也不见得效果就好,因为孩子会更加好奇,毕竟多数人家里电视机是客厅里最明显的配置,而且我们也的确需要让孩子通过电视、ipad了解世界。当孩子升入小学后,就应该要求他们学习的时候聚精会神,发现有边学习边看电视的现象应予制止。

2. 第二块能量宝石——坚持性

很多孩子在比较小的时候,完整经历一个学习过程的体验特别少,大部分是浅尝辄止,刚刚接触,就结束了。实际上,人需要有过很多次这种全过程的体验,从陌生、不会,到初步掌握,到熟练、拿手。孩子在不同项目、游戏中有很多这种经历了,就会形成信心和对学习流程的了解,以后变成学习上的韧性。所以,对于幼小衔接阶段的幼儿,能坚持做完一件事,遇到困难不放弃,是其应对今后学业挑战时的一次次磨砺和信心积累。

孩子们在上幼儿园的时候,做手工、玩乐高、学滑轮、学跳绳,到大一点了爸爸妈妈会安排他们学琴、学围棋,都是在经历一个个学习的过程,这个过程和上学后的学习,本质上是一致的,仅仅是内容和时间跨度不同而已。幼儿时期学这些游戏和才艺,收获的不只是技能,关键是这段经历带给了孩子学习坚持的机会。

◇ 通过坚持获得最后成功,获得"我能学会"的信心,提高自我效能感;
◇ 经历了学会一样东西的全过程,了解中途的失败、停滞、倒退都是常态。

这两点,对以后的学习是非常重要的! 有这些体验的孩子,会在学习中更容易坚持、不放弃,保持信心和乐观的态度。

当然,在学习的过程中爸爸妈妈也需要注意,尽量难易适中,只给必要的一点帮助,最后让他/她自己做成,回味总结一下,感受成就感,积累成功的经验。在孩子升入小学后,当遇到学习上的困难或瓶颈时,爸爸妈妈就可以给他/她指出,这与过去你学某样本领是一样的,只是这个周期长。你当时坚持多练几遍就会了。这就是用他/她自己的成功经历来激励他/她!

3. 第三块能量宝石——计划性

学龄前的孩子对于"时间"的概念较为模糊,而计划性又是建立在对时间的感知与概念之上的。因此,父母从孩子进入幼儿园集体生活开始就可以与孩子进行各种时间约定,可以尝试在孩子游戏和活动环节做"提前预告""倒计时提醒"等,慢慢地,陪伴孩子在日常生活中体验时间的长短、作息的有序以及约定的执行。

当孩子进入大班下半学期,爸爸妈妈在居家期间更要引导孩子有计划地做事。每天与孩子有沟通,哪怕10分钟也好,鼓励他/她说一说自己的一日计划,在一天结束时和孩子一起回顾他/她的一天,聊聊计划的完成情况,分析原因再做调整,相信孩子有安排居家一日生活的能力。

当幼儿园毕业的暑假终于来临,有的放矢地衔接也很必要。例如:帮助孩子适应小学的作息时间,上学不迟到、不早退,有病或有事及时请假;每天带好所需用品,合理安排好课间休息时间;学会为第二天的学习生活自己整理、摆放衣物和其他用品等。

同时,成人最大的成就就是活成孩子们点赞的模样,因为父母、老师的行为习惯、生活方式都会成为孩子模仿的对象。在培养孩子的时间观念和任务意识方面,我们自身也应该树立今日事今日毕、做事诚实守规的好榜样。

五、伴儿七件事之五:提供独立阅读的机会,培养阅读兴趣与习惯

为什么幼儿园很优秀的孩子会不适应小学学习生活?

● 从生活到阅读,从阅读到题目,这每一步的过渡都是容易的,然而若抽掉了中间一步,孩子很可能面临不适应。这不是智力问题,而主要是对书面符号系统不熟悉,或者对问答方式不熟悉。

图画书阅读能够生成哪些入学准备所需的能力与品质?

● 图画书里描绘的场景和故事,与生活可以直接对应;图画书本身又是用文字符号和其他逻辑符号组成的,通过阅读让孩子自然而然熟悉书面文字表达,这是后期学习的基础;最为重要的是图画书为亲子间提供了一系列"思考型"问题的锻炼窗口。

人在成长过程中不能缺少精神食粮的滋养,图画书就是幼儿最早阅读的文学作品,是他们在人生道路上最初见到的书。可以说,在幼儿从自然人发展为社会人的过程中,图画书起到了多方面的作用。阅读理解图画书,可以帮助幼儿开阔眼界,增长知识,学习社会交往规则,发展幼儿的观察力、语言能力、思维能力、审美能力,并且促进其情感发展。那么,对于幼小衔接阶段的幼儿,正面临着从阅读形式到内容的整体性变化,难度可想而知。我们又该如何助其一臂之力呢?

1. 从亲子共读过渡到独立阅读

幼儿园大班阶段阅读发展目标	小学低学段阅读发展目标
《3~6岁儿童学习与发展指南》重点强调学前阶段是儿童口头语言发展的关键期,要重视儿童口语交流能力的提高,还要重视儿童早期书面语言的准备。	《全日制义务教育语文课程标准》重心已转到儿童书面语言的发展上,不仅强调阅读要从以图画阅读为主走向以文字阅读为主,要从与成人共读走向独立阅读,还可以明显看出重视阅读对识字、写作等其他能力的助推作用。

亲子共读,能够帮助儿童养成喜欢阅读图画书的习惯,构建和谐的亲子关系,是我们每个家庭时光里一段宝贵的记忆。但对标幼儿园大班与小学低学段在阅读上的发展目标,我们又不难发现从与成人共读走向独立阅读,是幼小衔接期的又一项重要发展任务。那么,是否意味着幼小衔接阶段日常的亲子共读就要戛然而止了呢?我认为不是这样的,从亲子共读过渡到独立阅读,它是一个渐进的过程。爸爸妈妈们需要做的是如何搭建好阅读过程中的"脚手架",帮助幼儿增强独立阅读意识,提高独立阅读技能。在我陪伴我家娃阅读的时候,常常用到这样三个步骤——"猜一猜""找一找""想一想"。有了这样三步骤的共读,就便于孩子对图画书内容展开深入探讨,从而提高儿童的理解能力、表达能力和思维能力。

● 猜一猜

就是和孩子大致扫一下绘本,看看名字、图片、人物、动物等,亲子一同猜猜看这是本关于什么的书,会发生什么故事等。看看猜得对不对,也可以借机知道孩子感不感兴趣。

● 找一找

讨论在正式阅读中,想知道什么,好奇什么。在阅读中,找到重复字词,关键字词,找到重复的句子,找到重要的细节。

● 想一想

读后还需带着孩子回顾、总结、体悟和联想。例如:让孩子回顾故事里的时间、地点、人物;问他故事怎么开始,中间如何发展,最后是什么结局;也可以问一问这本书的意义;问他关于某件事情的感受,然后共情;问他喜欢哪个部分,不喜欢哪个部分;问他能不能说出印象最深刻的三件事……当然一次问一个也足够,千万别当成考试!

独立阅读,有一个成长路径。如果说亲子共读需要的是爸爸妈妈的全程"无时差""零距离"互动,那么过渡到独立阅读后就需要爸爸妈妈与孩子围绕一本书进行上述这些沟通和交流,这些都是"伴儿"阅读。为的是帮助他们掌握基本阅读能力,从而能生长出通过阅读获取信息的能力。简单地说,当儿童能够通过阅读学习独立思考、解决问题时,才可能有良好的在校学习适应性,才具备个人终身学习的倾向与能力。

2. 从理解图画为主的阅读过渡到关注文字为主的阅读

幼小衔接阶段,当孩子开始尝试自己阅读时,我们需要特别考量字数、词汇的难度、句子的长度。在孩子阅读启蒙的过程中,从图画书过渡到文字书,需要有一些渐进的安排,让图画的量渐渐减少,文字的量慢慢加多。如果我们以图文比例的改变来解释孩子在启蒙阅读的阶段,那读物的选择要从:"图图文",到"图文文",再到"文文文",我们也称那种经过特别设计,让孩子从图画书顺利进阶到文字书的读物为桥梁书。

桥梁书用来协助孩子循序渐进地获得新的阅读能力,形成新的阅读习惯。通常这类书也会以生活故事或学校故事为主,大多是幽默或趣味十足的故事,因为"好玩"才可以吸引刚形成文字阅读习惯的孩子愿意持续在文字中悠游。

3. 选对桥梁书,轻松迈向独立阅读

我家娃虽然还处在中班阶段,但我已经开始找一些桥梁书带着他一起读了,在这里给大家推荐一套"有趣""有益"的桥梁书——《超级斑马》。这是一套适合幼小衔接的桥梁书。主人公斑马在成长过程中遇到了一些小疑惑和小麻烦,通过他和朋友们的努力,最终都变成了一些小趣事。

这套书里没有反反复复的唠叨,没有喋喋不休的说教,只有轻轻松松的趣味!比如:斑马看到在一家店铺门前,顾客排起了一条好长好长的队伍。读到这里,孩子们可以明白买东西需要排队,会学着排队,想到遵守规则。又如,阅读《完美的工作》分册可以培养孩子的规则意识。具有规则意识的孩子更容易上课认真听讲,受到老师和同学们的欢迎。

在阅读过程中,孩子们习得动如脱兔静如处子的行为品质、专注从事学习的行为方式、人与书本互动交往的能力、思考问题解决问题的行为模式、再造想象和创造想象的生成方式,这无疑都是他们成长道路上的收获,也是未来需要的学习能力与品质。

六、伴儿七件事之六:每天提供涂涂画画的机会

正如同我们富有智慧的祖先们创造了有趣的象形文字一样,我们的孩子们同样拥有着无穷无尽的智慧,孩子们的图画记录时常会让我们惊叹人类幼崽们创造文字的天赋,他们的涂涂画画,仿佛是运用涂的方法,让画说话,呈现"画语"。

● 我们有哪些途径支持幼儿随时涂画出"画语"呢？
● 我们能尊重孩子在涂涂画画中的"画语权"吗？
● 我们能读懂孩子的"画中语"吗？

涂涂画画对于儿童而言是自然的、是有趣的，它源于儿童的兴趣。但看似简单的涂涂画画，却恰好与幼小衔接中的前书写准备不谋而合。他们同样拥有着：游戏性、图画性、过程性、经验性和兴趣性。孩子们以画笔、纸张以及其他绘画工具替代书写工具，运用图形、图画、文字以及符号自由涂画、自娱自乐、表达信息、传递信息、与周围的同伴分享信息，交流思想和情感经验。

1. 涂涂画画中的价值

对以上问题的思考，我们首先需要明白涂涂画画的意义到底是什么？

对于幼儿：

——自由自在地涂涂画画能够满足幼儿自主表达的愿望。当会书写的汉字有限，可是想表达的内容无限时，"画语"成为表达的另一种方式。

——看似无声的涂涂画画让幼儿交流分享的方式不再仅仅局限于语言。当一个不善于表达、不善于沟通的孩子想要与人交流时，"画语"成为另一种可能。

——无拘无束地涂涂画画更能延续幼儿游戏的快乐。兴趣使然，"训练"不再枯燥，它像是游戏，像是创作，让控笔能力在一次次有意义的创作中练就。

对于教师：

——对涂涂画画的支持，能记录孩子的成长轨迹，捕捉孩子游戏兴趣变化，让预设与生成融合，随时改变教育策略和教育方法。

——涂涂画画中的"画语"表达，能让教师了解孩子们更多的学习故事（内容、进展、发现、问题、矛盾）。

——涂涂画画中"画语"的解读与思考，让教师能够更加理解孩子、读懂孩子，让幼儿的"画语"成为评价的另一种依据，也让我们更为公平地向幼儿提供表达表现的机会。

对于家长：

——涂涂画画帮助爸爸妈妈们开辟了培养孩子"书写准备"的新途径。孩子们能够在自己喜欢的涂涂画画中，做好充分的书写准备，包括正确坐姿、握笔姿势、控笔训练等。

——涂涂画画背后蕴含的力量，有助于幼儿的习惯培养和能力形成。爸爸妈妈们不再跟在屁股后面碎碎念，"要求"驱动转换为孩子自我的"兴趣驱动"，亲子氛围更加融洽温馨。

——涂涂画画中"画语"的解读与思考，成为爸爸妈妈们与孩子沟通的新模式。不知道爸爸妈妈们有没有发现，孩子们涂涂画画中所表达的东西远比我们看到的要多得多，背后的故事值得我们细心解读，耐心倾听，用心思考。

2. 当涂涂画画走进教室

从无人记到找"托"记：

我曾尝试在班级里的建构游戏区投入了许多的纸与笔，一周过去，记录纸越来越少，然而都被当成辅助材料使用，"画语"却始终不曾出现。卢梭也说，教育不要想赚取时间，要多花时间。我决定"等",等待孩子的发现与创意。在持续等待后,孩子们对于纸笔的实际运用有了自己的想法,于是给了我第一次惊喜。

目标人物:嘉嘉

第一次找到纸和笔,画了一个大大的脸。

"这是什么?"

"看不出吗?范老师,这是我,我还没搭好,我想告诉大家,这是我的作品。"

我把作品放在了最醒目的位置,引发孩子们的好奇。

麒麒来了:"这是什么东西啊?"

嘉嘉:"这是我呀,短头发,我搭了一半的,你们别给我拆了,我还想要搭的。"

第二次游戏,我又找到了嘉嘉,"嘉嘉,其实除了可以画你自己,还能画你高兴的事,让大家猜猜。"

经历了等待,孩子们让"画语"呈现了雏形,有了经验,孩子们开始跃跃欲试,持续一阶段后,"画语"丰富了起来,有自己与同伴的搭建计划,有游戏中遇到的问题和开心事,他们习惯了用纸笔去涂涂画画的记录模式。

策略支持下的"狂人日记":

习惯养成需要一个过程,当活动不是来自孩子,"陌生感"会让他们难以知其然,更不知其所以然。无论是"书写经验"还是"控笔能力",对于孩子来说都过于陌生,兴趣尚未起,又何谈让幼儿产生内驱力去对它们保持热爱。"陌生感"让有意义的幼小衔接准备"一往而废",成为枯燥的任务。

分析之后,我调整了策略——"画语"方便记、简单记、随手记,也就是提供他们随时随地可以涂涂画画的机会。

当孩子有"计划和问题"时,我支持他们涂涂画画,去生成设计图、问题墙,随时记录和提问,提供一种交流分享的可能。

当孩子有"发现和创意"时,我搭建他们涂涂画画后的记录交流平台,让画发声,成为属于他们的"画语",满足幼儿自主表达愿望,创造表达机会。

"画语"在一个月内,有了爆发式增长。甚至,孩子们还试着去解读彼此的"画语",一张张作品因为这群孩子,绽放了生命力。

3. 让涂涂画画走进家庭:

在此之前,我们先来看看,幼小衔接中,除了书写准备,还需要有哪些能力准备呢?——自主力、专注力、沟通力、时间管理能力等。那么多的能力,简单地涂涂画画能够达到吗?它不是唯一,但我想一定是方法"之一"。它源于幼儿兴趣,一定还会是好用的方法"之一"。

让涂涂画画绘就幼儿"书写准备"的新途径:与书写一样,涂画需要用到的工具也是纸笔,同样需要正确的坐姿和握笔姿势。当孩子心情愉悦时,将正确的姿势要求教给孩子们,"春风化雨,其乐未央",教育原本就该是"润物细无声"。

让涂涂画画赋能幼儿自主力,我们可以这样做:我们时常抱怨着孩子,东西随手乱扔,那么涂涂画画吧,让他们自制标记,整理归类。玩具归类、书本归类、工具归类、衣服袜子归类,甚至可以让他们来帮助我们归类,做家里真正的"小当家"。

让涂涂画画赋能幼儿沟通力,我们可以这样做:为孩子提供一个涂鸦储蓄罐,不同颜色的纸张或许有不同的含义,可以记录下今天的收获,记录下今天帮家里人做过的事情,当然也可以记录下今天的开心与不开心。曾在一次聊天中,一位外婆给我看过这样一张有着文字和图画的纸,外婆说:"当时看了以后心里五味杂陈,平时我需要操心的事情太多,对于孩子总是太过严厉,容易发脾气,孩子原来一直等着我发好脾气后与我好好沟通。"看吧,它就是这样有着魔力,看懂孩子涂涂画画中的"画语",仿佛走进了孩子的内心。它可以是一次无言的交流,也可以是一次话题的引子;它可以是沟通的方式,也可以用来辅助表达。

让涂涂画画赋能幼儿时间管理能力,我们可以这样做:时间对于孩子而言非常抽象,那么就让涂鸦把它变得具象,通过涂鸦感受时间中的定量与变量,感受时长的"多"与"少",让一切跃然于纸上,从看懂时间到管理时间。

当然,涂涂画画的背后还有着许多闪光点——形状的认识、审美的感知、结构与布局、观察与想象,这些生命中珍贵的创造力和思考能力,就在自然又无须费力的涂涂画画中形成、发展丰富了,幼小衔接,让我们一起科学伴儿。

七、伴儿七件事之七:建构与沙水游戏

● 大班幼儿进行建构游戏的价值探寻
- ✓ 建构游戏是促进幼儿动作技能和动作思维发展的重要载体
- ✓ 建构游戏有利于幼儿空间能力和科学思维能力的发展
- ✓ 建构游戏有利于培养幼儿良好的学习品质

● 建构游戏"我心中的小学"可发展的关键经验
- ✓ 建构游戏有利于促进幼儿主动性、好奇心的发展
- ✓ 建构游戏有利于促进幼儿目标意识、坚持性、专注度的发展
- ✓ 建构游戏有利于促进幼儿的想象力和创造力
- ✓ 按照一定的计划和目的进行搭建,培养幼儿的计划能力

游戏和入学准备有冲突吗?游戏是否会影响孩子的入学适应呢?从幼儿园进入小学,是孩子成长过程中的一个重要转折。临近毕业,幼儿对小学生活既有羡慕和向往,又有忧虑和担心。而如今,在快乐游戏中让幼儿实现高质量的幼小衔接已成为学前教育领域的一大共识。我们以建构游戏为切入点,谈谈幼小衔接推进的创新思路。

1. 价值一:自主性和计划性

只有明确幼儿在主题建构游戏中的主体地位,给予幼儿充分的自主发挥空间,幼儿才能发挥自己的想象与创意。幼儿可以完全依据自己的想法来参与游戏活动,操作游戏材料,成为游戏的主导者。建构游戏可以培养幼儿的计划能力,提高幼儿游戏与学习的效率和质量,培养幼儿良好的做事习惯,促进其独立性、自主性的发挥与发展。建构游戏作为幼儿园日常活动的重要组成部分,贯穿于学前儿童发展的整个阶段,对发展幼儿的计划能力具有独特的教育价值,还对幼儿计划性、合作性、规则意识等学习品质的发展具有积极影响。

观察与发现

建构校园雏形、储存大量的校园图像表征,是孩子们继续搭建的基础。因此,和孩子们一起创设"我们参观的小学"的展示墙,张贴小学校园整体和局部的照片以及孩子们绘制的"我心目中的小学"的图画作品。孩子们还和爸爸妈妈一起从电脑上搜集下载各地美丽的校园图片。与此同时,我采取分层次、小递进的步骤来丰富孩子的搭建经验。在全景式的扫描中,他们初步弄清楚了小学校园是由哪些基本的建筑和设施组成,可以用什么样的材料搭建等,在搭建前做了知识储备,提高了再次建构的目的性。在细节处的定点观察中,仔细观察各座教学楼的高低、外形、建筑材料,以及教学楼等建筑设施之间的空间距离,还有教学楼整体框架中的架空、连接、装饰等。在跟进式的持续探究中,鼓励孩子再次观察不同的小学,讨论校园的布局,各个教学楼的特点,楼层之间该用什么材料来架空,怎么样才能搭建得又高又稳。通过商讨,孩子们制订出既体现集体智慧又凸显个人特质的搭建计划,逐步建立起相对具体完整的图像表征。孩子们用积木搭建围合型教学楼,零散、孤立的单体建筑成了整体的一部分。

2. 价值二:空间方位感

孩子们运用延伸、叠高、架空、围封、对称、中心点支撑等建构方法进行搭建,在多元化的实践中感受空间,培养孩子良好的空间感知力和创造力。培养空间感正是提高小学生数学能力的重要途径。

观察与发现

搭建游戏又要开始了,孩子们自然地商讨搭建计划。有孩子说:"每次都搭建小学的教学楼,没意思。"同伴问:"那我们这次搭什么呢?"我也饶有兴趣地参与其中:"那教学楼里还有什么呢?"孩子们兴奋地说:"有教室,有图书室,还有电脑室、音乐教室和美术教室。""对呀!我们来搭建教学楼里面的教室呗!"确定计划后,问题来了:"怎么把这些教室搬进教学楼呢?""教学楼太小了,塞不下呀!"要想搭建出教室,以及室内设施设备以及各种用品,有里有外,有上有下,需要有基本的空间感和立体感,孩子们缺乏空间架构的经验,由于没有搭建过内外包含、上下贯通的覆盖式建筑,很多东西只能裸露在外面。此时,需要小步跟进,感知空间方位;左右比画,分辨空间关系,通过观察各个教室的位置以及通过多媒体看看教室的实景平面图,感知教室的大致布局,建构搭建框架。孩子们在不断尝试中理解了建筑结构中包围与被包围的关系,对空间立体的感知明显提高,教室内的一些设施设备逐步搭建完成。同时,孩子们在搬运大积木、摆弄小积木中,锻炼了手部力量、精细动作、手眼协调能力,为以后写字握笔有力、运笔正确打好坚实基础。

3. 价值三:想象力和创造力

建构游戏灵活多变,可塑性强,在幼儿以某一主题操作、搭建积木的过程中,幼儿的创造能力等得到较好的发展。在具体的游戏实践中,不但有效激发了幼儿的兴趣,同时也必然融入了幼儿个人独特的想象力和创造力。

观察与发现

孩子们对搭建小学的兴趣日益浓厚,有的搭操场、有的搭乒乓房、有的搭校门、有的搭游泳池……有孩子对我说:"我们想用木头积木造一幢很高的教学楼,里面有教室、钢琴教室、食堂、大礼堂……可是木头积木都很大,课桌椅都没有办法搭出来。"我问:"那还有其他更合适的材料吗?"过了一会儿,几个孩子一起过来跟我说:"我们可以用教室的百变积木搭教室的课桌椅,还可以搭一架钢琴,吃饭的大桌子也能用百变积木来搭。"之后的两次建构游戏,这三位孩子一直都在搭各种活动室,有搭教室的,一排排课桌椅在地板上排列整齐,最前面还搭了讲台;有负责钢琴教室的,用黑色和白色两种颜色搭了钢琴的琴键;有搭建食堂的。分享交流中,他们向同伴们介绍了三个已完成的活动室,有孩子问:"你们这些活动室怎么放到教学楼里面呢?""可以用木头围起来,在里面放食堂和教室。""可以先把我们搭好的活动室放地上,然后根据活动室的大小,再在外面用木头围起来搭教学楼,可以搭好几层,每一层放一个活动室。"由于清水积木的特殊性,无法建构一些比较细小的物体,因此孩子们想到利用其他建构材料与清水积木相互组合,他们利用几种建构材料建构的物体相互拼搭组合。经过一次次的建构,一幢四层楼的教学楼完成了,第一层是医务室,因为有小朋友受伤的话不能走楼梯,所以医务室在一楼,我们用木头搭了一个十字架来表示。第二层是教室,第三层是音乐教室和美术室,第四层是食堂,吃好饭可以慢慢走下来,吃饱了消消食。幼儿通过比较、测量,感知空间关系、数量关系,获得了丰富的数学经验以及艺术审美和社会交往情感的体验,为孩子的小学学习铺垫了大量感性经验。同时,操作积木积累了平衡、惯性、重心、形状、数量、对称、规律排序等物理数学知识。

游戏是幼儿的天性,是幼儿的生活,是幼儿的学习方式。他们玩积木,从随意地拼拼搭搭,到有意识地选择不同颜色和形状的积木,完成自己满意的作品,甚至还会在这基础上创编故事、角色扮演。孩子们在玩中发展了空间感知能力,获得了丰富的数学经验,以及艺术审美和社会交往情感的体验。对于幼小衔接期的幼儿来说,学习无处不在! 游戏和日常生活,才是幼儿学习的丰富源泉。

第三节　"入学准备能量瓶"让"小一步"自信满满

依据教育部《幼儿园入学准备教育指导要点》文件精神,结合《上海市幼儿园办园质量评价指南(试行稿)》相关内容,为大班幼儿家庭设计了给家长的一封信和"入学准备能量瓶"。能量瓶包括了身心准备、生活准备、社会准备、学习准备四方面共 66 项幼小衔接的核心能力,帮助家长了解正处于幼小衔接阶段孩子的发展需要。幼儿可以从入学准备能量瓶里积蓄成长的信心,家长也可以就能量瓶中的内容与幼儿园老师协商,确立幼儿近阶段的发展目标。亲、师、幼之间通过小小的能量瓶,不断协商并积蓄能量。

幼儿园三年的教育一直在为孩子入学做着准备。从幼儿园到家庭,丰富生活经验、养成良好习惯、涵养健康品格,才能为后继的学习奠定良好的基础。入学准备能量瓶,可以帮助家长具体分析哪些挑战是可以渗透在日常生活中储备应对的,哪些挑战又是值得托付给未来、相信孩子是有能力来适应的。

家长可以陪伴孩子,从入学准备能量瓶里积蓄成长的信心,也可根据入学准备能量瓶中的内容与幼儿园老师协商,确立幼儿近阶段的发展目标。

家长可以和孩子一起打开入学准备能量瓶,为宝贝的本领点个赞!"赞"越多,表明家长和孩子对做好这一入学准备越自信! 此外,您也可以圈出"☹",这表示家长和孩子对做好这一入学准备存在担忧,可咨询幼儿园的老师,协商未来的行动。以下是入学准备能量瓶的具体内容(图 10-1)。

能量点	我们的点赞			我们的担忧	
1. 学会识别各种情绪	👍	👍	👍	☺	☹
2. 能把自己的感受说出来	👍	👍	👍	☺	☹
3. 找到缓解情绪的好方法	👍	👍	👍	☺	☹
4. 喜欢去户外玩游戏	👍	👍	👍	☺	☹
5. 每天的运动时间要比屏幕时间长	👍	👍	👍	☺	☹
6. 能一边行进一边连续拍球	👍	👍	👍	☺	☹
7. 能连续跳绳3个以上	👍	👍	👍	☺	☹
8. 能够全程自己走路上幼儿园	👍	👍	👍	☺	☹
9. 会熟练使用筷子	👍	👍	👍	☺	☹
10. 能用笔画出常见图形	👍	👍	👍	☺	☹
11. 会用剪刀剪出图形	👍	👍	👍	☺	☹
12. 学会系鞋带、扣纽扣	👍	👍	👍	☺	☹
13. 用过锤子、订书机、锤子中的一件	👍	👍	👍	☺	☹

生活准备能量瓶

能量点	我们的点赞			我们的担忧	
14. 按时吃饭起床睡觉	👍	👍	👍	☺	☹
15. 用正确的方式洗手	👍	👍	👍	☺	☹
16. 学做眼球操	👍	👍	👍	☺	☹
17. 能每天早晚都坚持刷牙	👍	👍	👍	☺	☹
18. 能正确使用便纸	👍	👍	👍	☺	☹
19. 能够根据温度增减衣物	👍	👍	👍	☺	☹
20. 学会整理书包和桌面	👍	👍	👍	☺	☹
21. 能够给物品分类	👍	👍	👍	☺	☹
22. 了解隐私部位不能让人碰	👍	👍	👍	☺	☹
23. 牢记父母的名字、电话和家庭住址	👍	👍	👍	☺	☹
24. 了解不同的报警电话	👍	👍	👍	☺	☹
25. 绿灯行、红灯停，过马路走人行道	👍	👍	👍	☺	☹
26. 能够记住家和学校的路线	👍	👍	👍	☺	☹
27. 能够分解任务	👍	👍	👍	☺	☹
28. 能够跟别人分工合作	👍	👍	👍	☺	☹
29. 能为家人服务，如摆放碗筷、整理餐桌、洗碗、扫地、扔垃圾	👍	👍	👍	☺	☹

社会准备能量瓶

能量点	我们的点赞			我们的担忧	
30. 有不同年龄的小伙伴和大朋友	👍	👍	👍	☺	☹
31. 会做自我介绍	👍	👍	👍	☺	☹
32. 能够发现自己和别人的优缺点	👍	👍	👍	☺	☹
33. 能够勇敢表达自己的想法	👍	👍	👍	☺	☹
34. 学会安慰别人	👍	👍	👍	☺	☹
35. 遇到冲突时会通过商量解决办法	👍	👍	👍	☺	☹
36. 学会向信任的成年人求助	👍	👍	👍	☺	☹
37. 能清晰地讲述自己的经历和见闻	👍	👍	👍	☺	☹
38. 不在公共场所大声喧哗	👍	👍	👍	☺	☹
39. 在别人说话的时候不随意打断	👍	👍	👍	☺	☹
40. 课堂上举手提问、轮流发言	👍	👍	👍	☺	☹
41. 不经过允许不乱动别人的东西	👍	👍	👍	☺	☹
42. 借了东西要及时归还	👍	👍	👍	☺	☹
43. 节约粮食、水电、纸张等资源	👍	👍	👍	☺	☹
44. 准备好自己第二天的玩具材料和学习用品	👍	👍	👍	☺	☹
45. 遵守自己制定的一日生活计划表，有改进有完成	👍	👍	👍	☺	☹
46. 能设法努力完成自己接受的任务	👍	👍	👍	☺	☹
47. 能够总结自己的一天	👍	👍	👍	☺	☹
48. 和小伙伴、老师一起策划一场专属毕业典礼	👍	👍	👍	☺	☹
49. 和爸爸妈妈一起走一走"虹脚丫亲子地图"	👍	👍	👍	☺	☹
50. 分享自己最喜欢的家乡景点和特色美食	👍	👍	👍	☺	☹
51. 认识五星红旗、会唱国歌	👍	👍	👍	☺	☹

图 10-1 入学准备能量瓶

第四节　"居家行动"回归幼小衔接中的儿童本位

为实现指向幼小衔接的协商性家园互动模式的深入探索,本研究携手幼儿园开展伴随式的幼小衔接项目化学习活动,见证了各园从"成熟"到"更成熟"的成长过程。这一蜕变发生在小组探究讨论专属于孩子自己的毕业典礼中,体现在带着儿童不仅"向前"展望更是"向后"回顾的毕业册里。

一、儿童作为积极行动者——案例《我们的毕业典礼》

通过开展《我们的毕业典礼》这一项目化主题活动,将入学适应性教育贯穿于毕业典礼的全过程,落实在每个小项目上。活动引导家长理解儿童的发展规律,在尊重幼儿个体差异的基础上建立对幼儿的合理期望;同时,教师也在活动中不断提升课程意识,提升专业自信,实现专业成长。

教师用这次契机将毕业典礼还给孩子,从前期孩子们自己组队、分工合作、讨论商定、制定计划书,然后再去按计划实施,过程中自己去发现问题、解决问题,最后做调整与优化。

1. 第一阶段:提出问题,成立项目组

在以往的针对性主题活动中,"毕业时刻"是亲、师、幼都非常关注的活动之一。在多次云端对话中,孩子和家长对于毕业时刻的各项活动有一个讨论投票的环节,其中"毕业典礼"高居榜首,成为最迫切的需求——想和伙伴一起,为幼儿园生活画一个圆满的句号!亲、师、幼三方如何运用线上平台与多媒体,共同参与毕业典礼的准备,引导孩子在过程中大胆表现自我,感恩师长父母,期待未来的小学生活呢?

在前期的问卷调查基础上,运用多媒体软件与数字化教学的优势,通过在线会议开展"云端"讨论会,征询孩子们对独家毕业典礼的期待。他们希望是怎样的,他们想做些什么,需要家长、老师提供怎样的助力……孩子们在"云端"大胆表达自己对毕业典礼的设想。在梳理了孩子们的讨论以及家长的后台建议后,教师罗列出了各个小项目,分别为:"笑起来真好看(舞蹈)"项目、"毕业诗"项目、"独家毕业照"项目、"时间胶囊"项目、"幸运星"项目。

2. 第二阶段:自主探索,招募组队

在"云端"讨论会后,孩子们有充分的时间和家长、教师协商,一起思考和准备。其后,家长和孩子们在班级群中各自结对,组建了小分队微信群。在每个项目微信群中,孩子们开展了不定时的讨论,投票选举了小项目组的组长,并初步确定了项目主题开展的方向。

在组队初期,教师在项目微信群时刻关注孩子的动向,关注是否每个孩子都投身其中,运用不同的方法鼓励能力、兴趣不同的孩子都能自主选择适合自己的专属项目。

例如,灏灏是有想法、有创意的男孩,却一个项目也没参加。在后台的询问中,发现孩子的毕业典礼愿望是再次在幼儿园的红旗广场升一次国旗,他觉得没有一个项目组能助力他

完成心愿,于是放弃了。知道缘由后,教师特意在"六一"儿童节当天请志愿者老师来了一次升旗仪式云端直播,灏灏激动地画下了场景并在班级群中分享,在赢得一片赞誉的同时他接到了"独家毕业照"项目组的邀约(这背后有家长、老师的默默帮助),灏灏在得到肯定后带着自信加入了项目组。

就这样,班里的每个孩子都加入了项目组,有的甚至参加了三个项目,选择项目的理由也是五花八门,呈现自我:有的因为喜欢,有的因为擅长,有的因为伙伴,有的因为挑战,还有的因为鼓励。在一次次的自主选择中,我们听到最多的是"我可以、我想试试、我应该能行的吧、你们会帮我,我就会很勇敢"。理由虽不同,目标却一致,我们要完成一个独属于我们的毕业典礼!

3. 第三阶段:设计方案,合作创造

当各个项目小组有序开展活动时,孩子们和家长们运用各种不同的方法记录着自己的准备过程,令人惊喜的是,自主性游戏计划书的翻版在微信项目群里出现。在这份计划书里我们可以看到很多:数经验、逻辑思维、认识并合理分配时间、前书写、感受文字符号在日常生活中的功能和意义等。

当伙伴在群里提出疑义时，画计划书的萱萱用语音耐心地为大家解读，由此，萱萱也喜提"心愿星"项目组的小队长。大家在微信群互相解答，交流协商，有孩子与孩子之间的、孩子与老师之间的、孩子与伙伴的家长之间的。有时家长即使不在身边，孩子们也能够自己运用多媒体软件，例如在线会议、微信视频等软件，熟练地和同伴们沟通交流。既有一对一的交流，也有小组会议，更有班组的集体讨论，在这样一个特殊的时期，线上多媒体平台给予了项目化学习活动很大的支撑与助力。

在毕业诗小队，一位家长非常有文采，直接写了一篇毕业诗，但他非常尊重小组中的幼儿组员，提出了"语言文字偏成人化，需要孩子和老师一起出主意润色"的建议，由此毕业诗小组拉开了创作的过程。我们欣慰地看到在项目的实施中家长教育理念和方法的改变，能看出家长心中将毕业典礼归复到孩子的主体地位，也理解了亲、师、幼三方的协商交流对于孩子发展的重要作用。

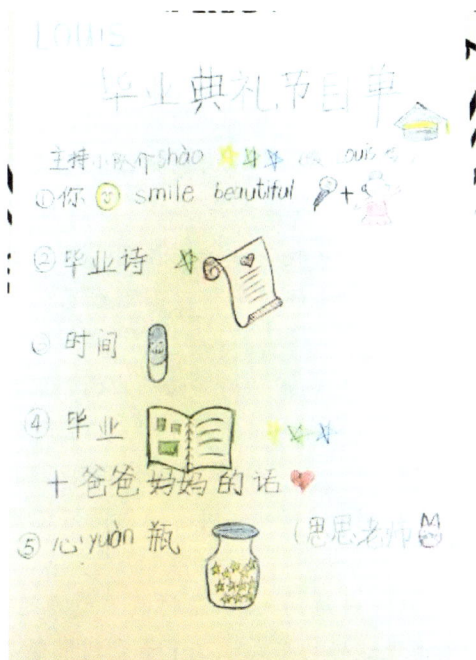

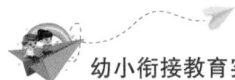

在主持人小组的三位小组员之间经常会有不定时的交流合作,如主持稿的确立、先后发言的顺序、节目单的制作、后期的合成等等。当我们和孩子沟通时,我们惊喜地发现三位孩子用了三种不同的记录理解方式,一种是文字加拼音,另一种是文字加绘画,还有用拼音加绘画的方式。个体在前书写方面的发展处于不同水平给交流沟通带来了困难。于是孩子们想到了在节目单和主持稿上用不同颜色来区分每一位和对应的主持部分。在制作的节目单上,他们考虑到班级中每个孩子的前阅读能力,提供了三个版本。他们还会精准地抓住每一位老师的个性特点和细节来加以展示:思思老师爱美,戴蝴蝶结;沈老师的头发因为好久没剪,所以发梢是黄色的,发根是黑色的;申老师的刘海是平的等等。这些观察与描述同时也表达了孩子们对于老师真挚的情感。

4. 第四阶段:优化调整,分享展示

每个项目组按照计划有序开展,在具体实施过程中产生了大量的问题,也让成人看到了孩子们拥有更多可能性。

"舞蹈"项目组选择了《笑起来真好看》作为献演曲目,经小组成员亲、师、幼三方一起确定了乐曲、舞蹈的版本,可在孩子们自主练习中,能力弱的孩子因为动作的难度打起了退堂鼓,申请退出。为此,项目组再次召开了"云端"会议,各抒己见,提供解决方案。最后听取了孩子们的意见,能力强的恬恬自告奋勇,找了姐姐做外援,一起将舞蹈进行适当简化编排。同时形成"云端"互助小组,在原有基础上形成一对一专人练舞。孩子们还会使用多媒体软件进行自主录像,视频示范重点动作,分时段反复回看生疏的段落。就这样,不同水平的孩子都在毕业典礼上呈现了自己最美的舞姿。而过程中的互相鼓励、互相帮助、互相提醒每天都在发生,一个个动作、一个个节奏、一个个表情,最后的服装和发型都由孩子们自主、自发地设计和讨论决定,最终,孩子们在典礼上闪亮登场。家长们也在此过程中,不断成长,学会了用照片、视频记录下孩子们自我成长与发展的每个瞬间。

"独家毕业照"项目组,原本孩子们的想法就是把好朋友画在一起,但在经历了6.1的云游"丰一八景"后,脑海中美好的幼儿园生活在孩子们的画笔下、言语中迸发出新的火花。有孩子说:想再在山坡野战营玩一次"露营",想再次品尝果树林里的枇杷果,想看看埋葬在小小农场的小仓鼠可还安好,还想在青青草园打滚,更想在滑梯乐园飞奔上下,在自由天地来场户外建构,特别想在红旗广场看着国旗冉冉升起……就这样,"丰一八景"手绘版应运而生。伙伴们、老师们栩栩如生,清晰地反映了孩子们在园生活的各种细节,就连滑梯乐园中老师、保育员的站位、自由天地操场因光线照射角度而形成的颜色深浅,都被逐一呈现在手绘版里。

在鼓励孩子创作毕业诗的过程中,利用了语言活动中的创编形式,保留传统毕业诗的框架,将更多的内容留给孩子创编。因为每个孩子对于毕业,对于离开、对于老师、对于幼儿园生活的点滴有着不同的理解和独家记忆。当组员朗诵作品时,我们瞬间泪目。在诗歌中,有对小班老师的眷恋,有对大妈妈的惦记,有对共同活动的美好记忆,更有着对未来小学生活的期盼、自信。

"许愿星"项目组的孩子边折星星边问大家,这样做愿望真的会实现吗? 愿望不一定会实现的,但是我们更多的是想通过这样的形式让孩子感受到希望是在不断地播种的,许多事情只要去尝试、去努力,就会有收获的。在线会议中有孩子问起是否需要演练一下抽取许愿星的流程,却被小组组员一致拒绝,他们中的每一个都相信自己一定能行。

主持人小组在在线会议上进行了两次合练后,发现因为网络问题,会发生延迟,孩子们非常着急,主动请家长和园领导沟通,提出利用幼儿园的场地、网络等硬件条件现场合体,完美呈现。

——上海市虹口区丰镇第一幼儿园　姚思思

教师退后一步,让孩子们站在了舞台的中央,尽情呈现自我,展现潜能。用专业的智慧来支撑、提升,来助力孩子实现他们的愿望。在每一次在线会议,每一张计划书、每一段舞蹈视频、每一句真情告白,每一篇独家记忆中都有着孩子进步的脚印,也有着教师的发现、教师的自豪、教师的惊叹、教师的成就。

第一次讨论,老师将毕业典礼交给孩子们时,孩子们是有些将信将疑的,他们怯生生地表达着,或者将话语权交给家长,又或者问老师:"你说,我做什么呀?"而随着项目的推进,孩子们会自己召开微信项目组活动,会单独与伙伴家长沟通,会精准解读伙伴的计划书并给予建议,会为自己和伙伴的进步拍手叫好,会大胆表述自己的发现,会量力而行同时又坚信通过努力一定会做得更好,就在这一个个会中,孩子自身发展需求得到了满足。

二、除了"向前看"还有"向后看"——案例《我的毕业册我做主》

在幼小衔接中对儿童视角的彰显,除了"向前看",还有"向后看"。我们通过运用儿童在幼儿园三年中的成长档案袋、关键事件的照片和小视频、手绘连环画等关键材料,引领儿童回顾自己的成长历程,体验自己慢慢长大的喜悦感,帮助其接纳自己是一个即将结束幼儿园生活的"前幼儿园小朋友"和即将步入小学的"准小学生"。

1. 第一阶段:探秘毕业纪念册

社会★★
学习★★★★
身心★★
生活★
目的:帮孩子建立目标和任务意识、唤起经验、树立自信
亲子调查任务:
读者需求调查,读者是谁、需要什么内容,用什么材料;一起看看爸爸妈妈的毕业册,共享他们的过往,亲子联结。
幼儿自主表现:
毕业册是什么?有什么内容?为什么要有毕业册?如果我也有一本自己专属的毕业册,我想怎么设计,会有什么内容,会用哪些材料,最想有什么,为什么?
第一次线上互动:
① 教师利用三年里孩子在幼儿园的视频、照片引出话题,先一起重温美好的点滴来激

发孩子的情感,让孩子看到自己的成长过程,在对比中发现自己真的长大了,了解三年的幼儿园生活即将结束。

②老师引入"毕业纪念册"的概念,幼儿根据自己的纪念册探秘经验说一说。

③和伙伴们在一起的"创意畅谈"。

对毕业册是什么样子的、代表什么意义,孩子们有着极大的探索热情。教师建议大家先找一找,看看毕业册有什么共同的特征。

如果有一本自己专属的毕业册,想怎么设计,会有什么内容,要用哪些材料,最想有什么,为什么?

爸爸妈妈有毕业册吗? 如有,一起看看爸爸妈妈的毕业册,共享他们的过往,亲子联结。

第二次线上互动:

①预设:分享找到的毕业证书

毕业册的特点:"都有照片""名字""一段文字说明,可以知道是什么毕业""还有印章""还有日期"毕业册上需要有哪些内容?"幼儿园的名称""我的名字、照片""集体照""有日期""还要有幼儿园的照片""我最喜欢滑梯,最好是滑梯的照片""我喜欢树屋""我喜欢我们的教室"

②畅谈:我想设计一本……毕业册

幼儿1:"我想要设计一张爱心的证书,和别人的都不一样。"

幼儿2:"我想把老师统统都画上去。"

幼儿3:"我想要设计一张把整个幼儿园都装下的毕业册。"

幼儿4:"我要画玩沙区。"

第三次线上互动:

恰逢六一节,将爸爸妈妈和孩子的童年来了一个对比,一起看看爸爸妈妈的童年照和"我"的童年照,猜猜照片里的人是谁,等等。

亲子共享活动:

"对比童年照""分享童年故事"这环节,有新意,有趣有益,孩子通过直接的对比,发现不同。孩子深入了解爸爸妈妈的童年时段,生成新话题:聊聊爸妈第一天上学的趣事,当时的心情、状态等。为孩子提供了了解小学生活的机会,并促进了亲子感情及对小学生活的向往。当爸妈孩子都在联动的同时,老师绝对不是局外人,老师也在线分享童年的美好记忆。

2. 第二阶段:不一样的我

社会★★★

学习★★★

身心★

目的:加深友情,学会观察,发现特征,多元表征

幼儿自主表现:自画像以及自我介绍(图文自制),与好友的自主活动,经验共享……

线上互动:

带着思考,设计毕业纪念册"我的主页"。首先通过自画像和自我介绍活动,孩子们各自开始自画像的绘画制作,教师提前收集幼儿自画像。

互动中"猜猜这是谁"(关注同伴的特征、加深对同伴的印象),记下好友的姓名、特征、联系方式等。

孩子们除了观察外表,也观察了朋友的喜好,比如:＊＊喜欢用剪贴画的方式表现自己,＊＊＊一直想当公主,这张公主装扮的自画像一定是她。还有的孩子跟着一点点蛛丝马迹,谁的学号、名字露出了一点点小角,就发现是谁的自画像了。活动真的比我想象的要精彩许多,应该说,我根本没法去预料他们的光芒。当然也有没猜到的,孩子自己简单介绍画中的意思,让好朋友间相互更加了解了,家长在一旁也觉得非常有趣有益。

3. 第三阶段:我信我行

社会★★★

学习★★★

身心★★

生活★

目的:相互了解,向往长大,积累自信,多样表达

幼儿自主表现:现在的我(本领大收集)

长大后的我(梦想无极限)(图文绘画)

邀请有一样想法、本领的人组团制作毕业册或进行才艺表演,可以是好友,可以是家人中的一员。

线上互动:幼儿相互介绍并展示"才艺"

4. 第四阶段:忆当年,说现在,致未来

社会★★★★

学习★★★★

身心★★

生活★

目的:温情回顾,感恩当下,快乐成长,期待更好

幼儿自主表现:

① 我的"奇思妙想"毕业照,集体共同完成,每人上传自己的头像,完成电子毕业照的制作。合作完成的任务也可由老师发起和引导,指向集体归属感,也启发幼小衔接阶段的任务意识,引导合作交往。

② 我的毕业心里话(对自己、对好友、对老师、对幼儿园的眷恋),来自家人、朋友、老师的小礼物:一个二维码,一句音频祝福,一幅画,一段视频等。

线上互动:毕业册连连看

每周有一个小主题,每个主题任务都以连环画的画面呈现,最后富有个性的毕业册就完成了。

幼儿园毕业是一个承上启下的节点。毕业季活动往往是幼儿感受最为深刻的环节,也是幼儿在园生活的"最后一课"。无论是对幼儿园,还是对幼儿及其家长来说,毕业季活动都是一个值得庆祝、回忆、珍藏和期待的活动,因为它是幼儿成长中第一个毕业的重要仪式,也是幼儿园课程与教育活动的重要组成部分。怎样才能让幼儿在这特殊时期的毕业季过得更

有意义,我们一起思考、研讨、商定、计划、实施、反思。

——上海市虹口区水电路幼儿园　顾立霞

　　《幼儿园教育指导纲要(试行)》提出让教育回归真实的生活,让幼儿回归自然的环境。幼儿园开展的主题活动应贴近幼儿生活实际。"我的毕业册我做主"活动很贴近幼儿真实生活,同时也满足了幼儿的交际需要。

　　三年的学习成长过程浓缩在一个主题活动里。这是一次很有意义的活动。这次活动培养了幼儿的团结意识和合作、努力、乐于关心帮助同伴的良好品质,也激发了他们热爱班集体的情感,使他们萌发了为集体和同伴服务的愿望。他们更深地认识到,在完成每次活动时,都要有团结合作的意识,做任何事情都要以集体为主。在这次活动中,教师可以让幼儿知道自己的优点和不足,满足幼儿为集体和同伴服务的心愿,让幼儿大胆表现自己、享受活动的过程。毕业是一个结束,也是一个开始。它代表着幼儿园阶段结束,新的学习生活即将开始,我们要对未来的学习、生活充满憧憬和希望。

参 考 文 献

［1］贝克.儿童发展［M］.吴颖,等译.南京:江苏教育出版社,2012.

［2］毕烨,韩娟,杨森焙,等.自我意识对儿童抑郁症状的影响［J］.中国妇幼保健,2011(26):4072-4073.

［3］蔡臻,张劲松.婴幼儿社会性情绪和气质特点的关系研究［J］.临床儿科杂志,2013(9):862-865.

［4］曹珂瑶.4—6岁幼儿同伴交往影响因素分析及对策［J］.西安文理学院学报(社会科学版),2013(2):120-123.

［5］陈冲,刘铁桥,陈洁,等.自我概念在应激性生活事件与抑郁、焦虑之间的调节效应分析［J］.国际精神病学杂志,2010,37(4):193-196.

［6］陈德云,熊建辉,寇曦月.美国中小学社会情绪学习新发展:学习标准及课程项目的开发与实施［J］.外国教育研究,2019,46(4):77-90.

［7］陈会昌,张宏学,阴军莉,等.父亲教养态度与儿童在4—7岁间的问题行为和学校适应［J］.心理科学,2004(5):1041-1045.

［8］陈权,陆柳.美国社会情绪学习计划及在中学课堂实施策略研究［J］.外国中小学教育,2014(10):20-25,19.

［9］陈世平.儿童人际冲突解决策略与欺负行为的关系［J］.心理科学,2001(2):234-235.

［10］陈瑛华,毛亚庆.西部农村地区小学生家庭资本与学业成绩的关系:社会情感能力的中介作用［J］.中国特殊教育,2016,190(4):90-96.

［11］邓赐平,桑标,缪小春.幼儿的情绪认知发展及其与社会行为发展的关系研究［J］.心理发展与教育,2002(1):6-10.

［12］丁芳.论观点采择与皮亚杰的去自我中心化［J］.山东师范大学学报(人文社会科学版)2002(6):111-113.

［13］丁雪辰,施霄霞,刘俊升.学业成绩与内化行为问题的预测关系:一年的追踪研究［J］.中国临床心理学杂志,2012(5):697-701.

［14］董会芹.学前儿童问题行为与干预［M］.北京:清华大学出版社,2013.

［15］杜媛,毛亚庆,杨传利.社会情感学习,是预防校园欺凌的有效措施［J］.中国德育,2019,

246(6)：6.

[16] 杜媛,毛亚庆,杨传利.社会情感学习对学生欺凌行为的预防机制研究：社会情感能力的中介作用[J].教育科学研究,2018,285(12)：38－46.

[17] 冯天荃,刘国雄,龚少英.3—5岁幼儿对社会规则的认知发展研究[J].教育研究与实验,2010(1)：79－83.

[18] 冯晓杭,张向葵.自我意识情绪：人类高级情绪[J].心理科学进展,2007,15(6)：878－884.

[19] 冯晓霞.《指南》社会领域要点解读[J].幼儿教育(教育教学),2013(7)：6－8.

[20] 盖笑松,张向葵.儿童入学准备状态的理论模型与干预途径[J].心理科学进展,2005,13(5)：614－622.

[21] 郭晓俊,徐雁,林大勇.人际交往能力是大学生应具备的重要素质[J].西昌学院学报(社会科学版),2006,18(3)：86－88.

[22] 韩进之,魏华忠.我国中、小学生自我意识发展调查研究[J].心理发展与教育,1985(1)：11－18.

[23] 何二林,叶晓梅,潘坤坤,等.小学生社会情感学习能力对校园欺凌的影响：学校归属感的调节作用[J].现代教育管理,2019,353(8),99－105.

[24] 洪素云.幼儿之间交流缺失的现状分析与对策[J].教育导刊(幼儿教育),2007(1)：32－33.

[25] 华爱华.幼儿规则意识与规则认知[J].课程教材教学研究(幼教研究),2012(2)：50.

[26] 贾蕾,李幼穗.儿童社会观点采择与分享行为关系的研究[J].心理与行为研究,2005(4)：305－309.

[27] 贾文华.农村留守儿童自我意识研究[J].商丘职业技术学院学报,2010,9(3)：21－23.

[28] 金莹,卢宁.自尊异质性研究进展[J].中国临床心理学杂志,2012,20(5)：717－722.

[29] 卡茨.促进儿童社会性和情绪的发展[M].霍力岩,洪秀敏,译.北京：机械工业出版社,2015.

[30] 克斯特尔尼克.儿童社会性发展指南：理论到实践[M].邹晓燕,译.北京：人民教育出版社,2009.

[31] 李秀妍,伍珍.4—8岁儿童认知风格的发展及其对问题解决的影响[J].心理科学,2021(2)：433－439.

[32] 李燕,赵燕,许批.学前儿童发展[M].上海：华东师范大学出版社,2016.

[33] 李燕.学前儿童发展心理学[M].上海：华东师范大学出版社,2008.

[34] 李子华.留守初中生同伴关系对孤独感的影响：自我意识的调节作用[J].中国特殊教育,2019(2)：45－49.

[35] 梁兵.试论教学过程中师生人际关系及其影响[J].新疆大学学报(哲学社会科学版),1993(3)：13－18.

[36] 梁宗保,胡瑞,张光珍,等.母亲元情绪理念与学前儿童社会适应的相互作用关系[J].心理发展与教育,2016,32(4)：394－401.

［37］梁宗保,张光珍,陈会昌,等.父母元情绪理念、情绪表达与儿童社会能力的关系[J].心理学报,2012(2)：199-210.

［38］林崇德,李其维,董奇.儿童心理学手册(第六版)第三卷：社会、情绪与人格发展[M].上海：华东师范大学出版社,2015.

［39］林崇德,王耘,姚计海.师生关系与小学生自我概念的关系研究[J].心理发展与教育,2001(4)：17-22.

［40］林崇德.发展心理学(第二版)[M].杭州：浙江教育出版社,2019.

［41］刘文.3—9岁儿童气质发展及其与个性相关因素关系的研究[D].大连：辽宁师范大学,2002.

［42］刘志军.高中生的自我概念与其学校适应[J].心理科学,2004,27(1)：217-219.

［43］卢谢峰,韩立敏.家庭社会经济地位对小学生自我概念的影响[J].中国心理卫生杂志,2008(1)：24-25.

［44］陆芳,陈国鹏.学龄前儿童情绪调节策略的发展研究[J].心理科学,2007,169(5)：1202-1204,1195.

［45］罗云.青少年内外化问题的形成：环境压力、应激反应及迷走神经活动的调节作用[D].西安：陕西师范大学,2017.

［46］麻彦坤.社会-情绪学习透视[J].素质教育大参考,2014(14)：62-63.

［47］马娥,丁继兰.3—6岁幼儿自由活动时间亲社会行为性别差异研究[J].中华女子学院学报,2006(5)：69-72.

［48］孟昭兰.当代情绪理论的发展[J].心理学报,1985(2)：209-215.

［49］孟昭兰.情绪心理学[M].北京：北京大学出版社,2005.

［50］孟昭兰.情绪研究的新进展[J].心理科学通讯,1984(1)：40-45,67,8.

［51］孟昭兰.人类情绪[M].上海：上海人民出版社,1989.

［52］孟昭兰.体验是情绪的心理实体：个体情绪发展的理论探讨[J].应用心理学,2000(2)：48-52.

［53］孟昭兰.婴儿心理学[M].北京：北京大学出版社,1997.

［54］庞丽娟,田瑞清.儿童社会认知发展的特点[J].心理科学,2002(2)：144-147.

［55］庞丽娟.幼儿同伴社交类型特征的研究[J].心理发展与教育,1991(3)：19-28.

［56］钱文.3—6岁儿童自我意识及其发展[J].幼儿教育(教育教学),2015(5)：14-16.

［57］施国春,张丽华,范会勇.攻击性和自尊关系的元分析[J].心理科学进展,2017,25(8)：1274-1288.

［58］舒尔,迪吉若尼莫.如何培养孩子的社会能力[M].张雪兰,译.北京：京华出版社,2009.

［59］孙娟娟,王英杰,翁婉涓,等.母亲温暖与学前儿童问题行为的关系：消极情绪性的调节作用[J].中国临床心理学杂志,2022,30(6)：1398-1402.

［60］孙蕾.家庭环境对学前儿童入学准备的影响[D].长春：东北师范大学,2007.

［61］王爱民,任桂英.中美两国儿童自我概念的比较研究：评定工具对研究结果的影响[J].中国心理卫生杂志,2004(5)：294-296,299.

［62］王宝华,冯晓霞,肖树娟,等.家庭社会经济地位与儿童学习品质及入学认知准备之间的关系［J］.学前教育研究,2010(4)：3-9.

［63］王春燕,卢乐珍.自由游戏活动中幼儿同伴交往的研究［J］.教育导刊,2002(Z3),19-22.

［64］王福兴,段婷,申继亮.美国社会情绪学习标准体系及其应用［J］.比较教育研究,2011,33(3)：69-73.

［65］王美芳,童会芹,庞维国,等.学前儿童亲社会行为及其影响因素的研究［J］.中国心理卫生杂志,1998(6)：356-357.

［66］王树涛,毛亚庆.寄宿对留守儿童社会情感能力发展的影响：基于西部11省区的实证研究［J］.教育学报,2015,11(5)：111-120.

［67］王英春,邹泓.青少年人际交往能力的发展特点［J］.心理科学,2009(5),1078-1081.

［68］王振宇.学前儿童发展心理学［M］.北京：人民教育出版社,2009.

［69］魏运华.自尊的结构模型及儿童自尊量表的编制［J］.心理发展与教育,1999(3),22-28.

［70］谢冬梅.试论幼儿主动性的培养［M］.教育导刊,1999(S6),32-34.

［71］徐夫真,张玲玲,魏星,等.青少年早期内化问题的稳定性及其与母亲教养的关系［J］.心理发展与教育,2015(2)：204-211.

［72］徐文彬,肖连群.论社会情绪学习的基本特征及其教育价值［J］.教育理论与实践,2015,35(13)：55-58.

［73］许苏,夏正江,赵洁."社会与情绪学习"的理论基础与课程形态［J］.外国中小学教育,2016,278(2)：61-64,36.

［74］杨丽珠,宋辉.幼儿自我控制能力发展的研究［J］.心理与行为研究,2003(1)：51-56.

［75］杨丽珠,吴文菊.幼儿社会性发展与教育［M］.大连：辽宁师范大学出版社,2000.

［76］杨元魁.在"做中学"中培养孩子的情绪能力［J］.小学科学(教师论坛),2012,56(3)：3.

［77］姚春荣,李梅娟.家庭环境与幼儿社会适应的相关研究［J］.心理科学,2002,25(5),630-631.

［78］姚端维,陈英和,赵延芹.3—5岁儿童情绪能力的年龄特征、发展趋势和性别差异的研究［J］.心理发展与教育,2004,20(2)：12-16.

［79］姚伟.婴幼儿积极的自我概念的形成与健康人格的建构［J］.学前教育研究,1997(5)：8-9.

［80］于海琴,周宗奎.小学高年级儿童亲子依恋的发展及其与同伴交往的关系［J］.心理发展与教育,2002(4)：36-40.

［81］张丽华,杨丽珠.3—8岁儿童自尊发展特点的研究［J］.心理与行为研究,2005(1)：11-14.

［82］张丽华,杨丽珠.三种情境下4—8岁儿童自尊发展的实验研究［J］.心理科学,2006,29(2)：327-331.

［83］张明红.学前儿童社会教育与活动指导(第2版)［M］.上海：华东师范大学出版社,2014.

［84］张文新,郑金香.儿童社会观点采择的发展及其子类型间的差异的研究［J］.心理科学,1999(2)：116-120.

［85］赵金霞,王美芳.人际认知问题解决的发展与学前儿童焦虑症状、同伴交往的关系［J］.学前教育研究,2011(2):37-40.

［86］郑庆友,卢宁.幼儿父母陪伴自尊和亲社会行为的关系［J］.中国学校卫生,2016(1):71-73.

［87］中华人民共和国教育部.3—6岁儿童学习与发展指南［M］.北京:首都师范大学出版社,2012.

［88］周爱保,敏霞,青柳肇.中、日、韩幼儿心理发展水平比较之:主动性［J］.唐山师范学院学报,2008(4):137-139.

［89］周宗奎,林崇德.小学儿童社交问题解决策略的发展研究［J］.心理学报,1998(3):274-280.

［90］朱智贤.幼儿心理学［M］.北京:人民教育出版社,2018.

［91］ACHENBACH T M. The child behavior profile: An empirically based system for assessing children's behavioral problems and competencies［J］. International journal of mental health, 1978, 7(3-4): 24-42.

［92］AGYAPONG B, OBUOBI-DONKOR G, BURBACK L, et al. Stress, burnout, anxiety and depression among teachers: a scoping review［J］. International journal of environmental research and public health, 2022, 19(17): 10706.

［93］ALLAN N P, HUME L E, ALLAN D M, et al. Relations between inhibitory control and the development of academic skills in preschool and kindergarten: a meta-analysis［J］. Developmental psychology, 2014, 50(10): 2368.

［94］ALZAHRANI M, ALHARBI M, ALODWANI A. The effect of social-emotional competence on children academic achievement and behavioral development［J］. International education studies, 2019, 12(12): 141-149.

［95］BAR-ON R. The Bar-On emotional quotient inventory(EQi): Technical manual［M］. Toronto: Multi-Health Systems, 1997.

［96］BAUER P J, FIVUSH R. Context and consequences of autobiographical memory development［J］. Cognitive development, 2010, 25(4): 303-308.

［97］BENENSON J F. Greater preference among females than males for dyadic interaction in early childhood［J］. Child development, 1993, 64(2): 544-555.

［98］BIERMAN K L, DOMITROVICH C E, NIX R L, et al. Promoting academic and social-emotional school readiness: The head start REDI program［J］. Child development, 2008, 79(6): 1802-1817.

［99］BIERMAN K L, TORRES M M, DOMITROVICH C E, et al. Behavioral and cognitive readiness for school: Cross-domain associations for children attending head start［J］. Social development, 2009, 18(2): 305-323.

［100］BIERMAN, NIX R, GREENBERG M L, et al. Executive functions and school readiness intervention: Impact, moderation, and mediation in the Head Start REDI

program[J]. Development and psychopathology, 2008, 20(3): 821-843.

[101] BLAIR C, RAVER C C. School readiness and self-regulation: A developmental psychobiological approach[J]. Annual review of psychology, 2015, 66(1): 711-731.

[102] BOYATZIS R E, GOLEMAN D, RHEE K. Clustering competence in emotional intelligence: Insights from the Emotional Competence Inventory (ECI)[M]// Handbook of emotional intelligence, San Francisco: Jossey-Bass, 2000.

[103] BRACKETT M A, BAILEY C S, HOFFMANN J D, et al. RULER: A theory-driven, systemic approach to social, emotional, and academic learning [J]. Educational psychologist, 2019, 54(3): 144-161.

[104] BRACKETT M A, PALOMERA R, MOJSA-KAJA J, et al. Emotion-regulation ability, burnout, and job satisfaction among British secondary-school teachers[J]. Psychology in the schools, 2010, 47(4): 406-417.

[105] BRIGGS J. Never in anger[M]. Cambridge: Harvard University Press, 1970.

[106] BRONFENBRENNER U. Ecology of human development: experiments by nature and design[J]. Child study journal, 1979, 9(4): 292-293.

[107] BUHRMESTER D, FURMAN W, WITTENBERG M T, et al. Five domains of interpersonal competence in peer relationships[J]. Journal of personality and social psychology, 1988, 55: 991-1008.

[108] BULLOCK A, XIAO B, LIU J, et al. Shyness, Parent-Child relationships, and peer difficulties during the middle school transition[J]. Journal of child and family studies, 2022, 31(1): 86-98.

[109] BULOTSKY-SHEARER R J, FERNANDEZ V, DOMINGUEZ X, et al. Behavior problems in learning activities and social interactions in Head Start classrooms and early reading, mathematics, and approaches to learning[J]. School psychology review, 2011, 40(1): 39-56.

[110] CAMPBELL S B, SHAW D S, GILLIOM M, et al. Early externalizing behavior problems: Toddlers and preschoolers at risk for later maladjustment[J]. Devetopment and psychopathology, 2000, 12(3): 467-488.

[111] CARLO G, WHITE R M, STREIT C, et al. Longitudinal relations among parenting styles, prosocial behaviors, and academic outcomes in US mexican adolescents[J]. Child development, 2018, 89(2): 577-592.

[112] CARROLL A, FORREST K, SANDERS-O'CONNOR E, et al. Teacher stress and burnout in Australia: examining the role of intrapersonal and environmental factors [J]. Social psychology of education, 2022, 25(2): 441-469.

[113] CASEL Guide. Effective social and emotional learning programs: Preschool and elementary school edition [J]. Collaborative for academic, social and emotional

learning，2013.

[114] CAVELL T A. Social adjustment，social performance，and social skills：A tricomponent model of social competence[J]. Journal of clinical child psychology，1990，19(2)：111 – 122.

[115] CHAPLIN T M，COLE P M，ZAHN-WAXLER C. Parental socialization of emotion expression：gender differences and relations to child adjustment[J]. Emotion，2005，5(1)：80 – 88.

[116] CHAPLIN T M，COLE P M，ZAHN-WAXLER C. Parental socialization of emotion expression：Sex differences and relations to child adjustment Emotion，2005，5：80 – 88，10.

[117] CHEN X，WANG L，LIU J. Adolescent cultural values and adjustment in the changing Chinese society[M]//TROMMSDORFF G，CHEN X. Values，religion，and culture in adolescent development. Cambridge：Cambridge University Press，2011：235 - 252

[118] CHEN X. A review on the influence of parental meta-emotional philosophy on preschool children's emotion regulation[J]. Journal of education，humanities and social sciences，2023，22：632 – 639.

[119] CHERNYSHENKO O S，KANKARAŠ M，DRASGOW F. Social and emotional skills for student success and well-being：Conceptual framework for the OECD study on social and emotional skills，2018.

[120] CHHANGUR R R，WEELAND J，OVERBEEK G，et al. Genetic moderation of intervention efficacy：Dopaminergic genes，the Incredible Years，and externalizing behavior in children[J]. Child development，2017，88(3)：796 – 811.

[121] CHU L，DEARMOND M. Approaching SEL as a whole-school effort，not an add-on：Lessons from two charter networks[J]. Center on reinventing public education，2021.

[122] CLARK K E，LADD G W. Connectedness and autonomy support in parent-child relationships：Links to children's socioemotional orientation and peer relationships [J]. Developmental psychology，2000，36(4)：485 – 498.

[123] COIE J D，KOEPPL G K. Adapting intervention to the problems of aggressive and disruptive aggressive children[J]//ASHER S R，COIE J D. Peer rejection in childhood. Cambridge University Press，1990.

[124] Collaborative for Academic，Social，and Emotional Learning. CASEL Practice rubric for schoolwide SEL implementation，2006.

[125] COLLIE R J，MARTIN A J，RENSHAW L，et al. Students' perceived social-emotional competence：The role of autonomy-support and links with well-being，social-emotional skills，and behaviors[J]. Learning and instruction，2024，90：

101866.

[126] COLLIE R J, SHAPKA J D, PERRY N E. Predicting teacher commitment: The impact of school climate and social-emotional learning[J]. Psychol Schs, 2011, 48 (10): 1034 - 1048.

[127] COLLIE R J, SHAPKA J D, PERRY N E. Predicting teacher commitment: The impact of school climate and social-emotional learning [J]. Psychology in the Schools, 2011, 48(10): 1034 - 1048.

[128] COLLIE R J, SHAPKA J D, PERRY N E. School climate and social-emotional learning: Predicting teacher stress, job satisfaction, and teaching efficacy [J]. Journal of edeucational psychology, 2012, 104(4): 1189 - 1240.

[129] CRICK N R, DODGE K A. Social information-processing mechanisms in reactive and proactive aggression[J]. Child development, 1996, 67(3): 993 - 1002.

[130] CROSSMAN A, HARRIS P. Job satisfaction of secondary school teachers [J]. Educational management administration & Leadership, 2006, 34(1): 29 - 46.

[131] DENHAM S A, BASSETT H H, WYATT T ML. Gender differences in the socialization of preschoolers' emotional competence[J]. New directions for child and adolescent development, 2010(128), 29 - 49.

[132] DENHAM S A, BROWN C A, DOMITROVICH C E. "Plays nice with others": Social-emotional learning and academic success[J]. Early education and development, 2010, 21: 652 - 680.

[133] DENHAM S A, BURTON R. Preschoolers' Attachment and emotional competence [M]//Social and emotional prevention and intervention programming for preschoolers. Boston, MA: Springer, 2003.

[134] DENHAM S A, BURTON R. Social and emotional prevention and intervention programming for preschoolers[M]. New York: Kluwer Academic/Plenum, 2003.

[135] DENHAM S A, MCKINLEY M, COUCHOUD E A, et al. Emotional and behavioral predictors of preschool peer ratings[J]. Child developmen, 1990, 61(4): 1145 - 1152.

[136] DENHAM S A, MITCHELL-COPELAND J, STRANDBERG K, et al. Parental contributions to preschoolers' emotional competence: Direct and indirect effects[J]. Motization and emotion, 1997, 21(1): 65 - 86.

[137] DI MAGGIO R, ZAPPULLA C, PACE U. The relationship between emotion knowledge, emotion regulation and adjustment in preschoolers: A mediation model [J]. Journal of child and family studies, 2016, 25: 2626 - 2635.

[138] DINHAM S, SCOTT C. A three domain model of teacher and school executive career satisfaction[J]. Journal of educational administration, 1998, 36(4): 362 - 378.

[139] DODGE K A, COIE J D, LYNAM D. Aggression and antisocial behavior in youth [M]//EISENBERG N, DAMON W, LERNER R M. Handbook of child psychology(Vol 3): Social, emotional, and personality development (6th ed.). Hoboken, NJ: John Wiley & Sons Inc, 2006: 719 - 788.

[140] DODGE K A, PRICE J M. On the relation between social information processing and socially competent behavior in early school-aged children[J]. Child development, 1994, 65(5): 1385 - 1897.

[141] DUCKWORTH A L, TAXER J L, ESKREIS-WINKLER L, et al. Self-control and academic achievement[J]. Annual review of psychology, 2019, 70(1): 373 - 399.

[142] DUNN J, BROWN J. Affect expression in the family, children's understanding of emotions, and their interactions with others[J]. Merrill-palmer quarterly, 1994, 40 (1): 120 - 137.

[143] DURLAK J A, WEISSBERG R P, DYMNICKI A B. The impact of enhancing students' social and emotional learning: A meta analysis of school-based universal interventions[J]. Child development, 2011, 82(1): 405 - 432.

[144] DWECK C S, Leggett E L. A social-cognitive approach to motivation andpersonality [J]. Psychological review, 1988, 95(2): 256 - 273.

[145] DWECK C S. Selftheories: Their role in motivation, personality, and development [M]. Philadelphia: Psychology Press, 1999.

[146] EDOSSA A K, SCHROEDERS U, WEINERT S, et al. The development of emotional and behavioral self-regulation and their effects on academic achievement in childhood[J]. International journal of behavioral development, 2018, 42(2): 192 - 202.

[147] EISENBERG N, CUMBERLAND A, SPINRAD T L. Parental socialization of emotion[J]. Psychological inquiry, 1998, 9(4): 241 - 273.

[148] EISENBERG N, CUMBERLAND A, SPINRAD T. Parental Socialization of Emotion[J]. Psychological inquiry, 1998, 9(4): 241 - 273.

[149] EISENBERG N, FABES R A, NYMAN M, et al. The relations of emotionality and regulation to children's anger related reactions[J]. Child development, 1994, 65 (1): 109 - 128.

[150] EISENBERG N, LIEW J, PIDADA S U. The longitudinal relations of regulation and emotionality to quality of Indonesian children's socioemotional functioning[J]. Developmental psychology, 2004, 40(5): 790 - 804.

[151] EISENBERG N, MUSSEN P H. The roots of prosocial behavior in children: conclusions[M]. Cambridge: Cambridge University Press, 1998.

[152] EISENBERG N, TAYLOR Z E, WIDAMAN K F, et al. Externalizing symptoms, effortful control, and intrusive parenting: A test of bidirectional longitudinal

relations during early childhood[J]. Development and psychopathology, 2015, 27 (4pt1): 953 - 968.

[153] EISENBERG N, VALIENTE C, EGGUM N D. Self-regulation and school readiness[J]. Early education & development, 2010, 21: 681 - 698.

[154] FRIDANI L. Mothers' perspectives and engagements in supporting children's readiness and transition to primary school in Indonesia[J]. Education 3 - 13, 2021, 49(7): 809 - 820.

[155] GOLEMAN D. Emotional intelligence: Why it can matter more than IQ[M]. New York: Bantam Books, 1994.

[156] GOLEMAN D. Emotional intelligence[M]. New York: Bantam Books, 1995.

[157] GOLEMAN, D. Working with emotional intelligence[M]. New York: Bantam Books, 1998.

[158] GOTTMAN J M, KATZ L F, HOOVEN C. Meta-emotion: How families communicate emotionally[M]. New Jersey: Lawrence Erlbaum Associates, Inc, 1997.

[159] GRAZIANO P A, REAVIS R D, KEANE S P, et al. The role of emotion regulation in children's early academic success[J]. Journal of school psychology, 2007, 45(1): 3 - 19.

[160] GREEN V A, CILLESSEN A H, RECHIS N R, et al. Social problem solving and strategy use in young children[J]. Journal of genetic psychology, 2008, 169(1): 92 - 112.

[161] GREENBERG M T, KUSCHÉ C A. Building social and emotional competences The PATHS curriculum[M]//JIMERSON S R, FURLONG M. Handbook of school violence and school safety: From research to practice. Lawrence Eribaum Associates Publishers, 2006: 395 - 412.

[162] GRESHAM F. Best practices in social skills training[M]//THOMAS A, GRIMES J. Best practices in school psychology IV: National association of school psychologists, 2002: 1029 - 1040.

[163] HAJAL N J, PALEY B. Parental emotion and emotion regulation: A critical target of study for research and intervention to promote child emotion socialization[J]. Developmental psychology, 2020, 56(3): 403.

[164] HAJAL N J, PALEY B. Parental emotion and emotion regulation: A critical target of study for research and intervention to promote child emotion socialization[J]. Developmental psychology, 2020, 56(3): 403.

[165] HARRINGTON E M, TREVINO S D, LOPEZ S, et al. Emotion regulation in early childhood: Implications for socioemotional and academic components of school readiness[J]. Emotion, 2020, 20(1): 48.

[166] HARRIS M A, ORTH U. The link between self-esteem and social relationships: A meta-analysis of longitudinal studies[J]. Journal of personality and social psychology, 2020, 119(6): 1459.

[167] HARTER S. Manual for the self-perception profile for children[M]. Denver, CO: University of Denver Press, 1985.

[168] HARTER S. The Perceived Competence Scale for Children[J]. Child development, 1982, 53(1): 87 - 97.

[169] HARTER S. The self[M]//EISENBERG N, DAMON W, LEMER R M. Handbook of child psychology, 6th edition (Vol 3): Social, emotional, and personality development. Hoboken, NJ: John Wiley & Sons, 2006: 505 - 570.

[170] HARTUP W W. The company they keep: Friendships and their developmental significance[J]. Child development, 1996, 67(1): 1 - 13.

[171] HASSAN HEMDAN MOHAMED A, MARZOUK S A A F M. The association between preschool classroom quality and children's social-emotional problems[J]. Early child development and care, 2016, 186(8): 1302 - 1315.

[172] HASTINGS P, MCSHANE K, PARKER R, et al. Ready to make nice: parental socialization of young sons' and daughters' prosocial behaviors with peers[J]. Journal of genetic psychology, 2007, 168(2): 177 - 200.

[173] HATFIELD E, CACIOPPO J, RAPSON R. Emotional contagion[M]. New York: Cambridge University Press, 1994.

[174] HAY D F, PAYNE A, CHADWICK A. Peer relations in childhood: Journal of Child[J]. Psychology and psychiatry, 2004, 45(1): 84 - 108.

[175] HEN M, GOROSHIT M. Social-emotional competencies among teachers: An examination of interrelationships[J]. Cogent education, 2016, 3(1).

[176] HOFFMAN E, MARSDEN G, KALTER N. Children's understanding of their emotionally disturbed peers: a replication[J]. Journal of clinical psychology, 1977, 33(4): 949 - 953.

[177] HOUSE R J, HANGES P J, JAVIDAN M, et al. Culture, leadership, and organizations: The GLOBE study of 62 societies[M]. Sage publications, 2004.

[178] HYSON M. Enthusiastic and engaged learners: Approaches to learning in the early childhood classroom[M]. Teachers College Press, 2008.

[179] ISLEY S L, O'NEIL R, CLATFELTER D, et al. Parent and child expressed affect and children's social competence: modeling direct and indirect pathways[J]. Developmental psychology, 1999, 35(2): 547 - 560.

[180] JAKUBOWSKI T D, SITKO-DOMINIK M M. Teachers' mental health during the first two waves of the COVID - 19 pandemic in Poland[J]. PloS one, 2021, 16(9): e0257252.

[181] JONES D E, GREENBERG M, Crowley M. Early social-emotional functioning and public health: The relationship between kindergarten social competence and future wellness[J]. American journal of public health, 2015, 105(11): 2283 - 2290.

[182] JUDGE T A, BONO J E. Relationship of core self-evaluations traits—self-esteem, generalized self-efficacy, locus of control, and emotional stability-with job satisfaction and job performance: A meta-analysis[J]. Journal of applied psychology, 2001, 86(1): 80 - 92.

[183] KAREVOLD E, COPLAN R, STOOLMILLER M, et al. A longitudinal study of the links between temperamental shyness, activity, and trajectories of internalising problems from infancy to middle childhood[J]. Australian journal of psychology, 2011, 63(1): 36 - 43.

[184] KEATING D P. A search for social intelligence [J]. Journal of educational psychology, 1978, 70(2): 218 - 223.

[185] KITAYAMA S, MESQUITA B, KARASAWA M L. Cultural affordances and emotional experience: socially engaging and disengaging emotions in Japan and the United States[J]. Journal of personality and social psychology, 2006, 91(5): 890 - 903.

[186] KOCHENDERFER- LADD B, LADD G W, THIBAULT S A. Children's interpersonal skills and school-based relationships: Links to school adjustment in early and middle childhood[J]. The Wiley-Blackwell handbook of childhood social development, 2022: 366 - 385.

[187] KONTOS S, WILCOX-HERZOG A. Influences on children's competence in early childhood classrooms[J]. Early childhood research quarterly, 1997, 12: 247 - 262.

[188] KOPP C B. Antecedents of self-regulation: a developmental perspective [J]. Developmental psychology, 1982, 18(2): 199 - 214.

[189] KOSTELNIK M J, WHIREN A P, SODERMAN A K, et al. Guiding children's social development and learning 6th[M]. United States of America: Cengage Learning, 2008.

[190] LADD G W, LESIEUR K D, PROFILET S M. Direct parental influences on young children's peer relations [M]//Duck S. Learning about relationships. Newbury Park, CA: Sage, 1993.

[191] LAURENT G, HECHT H K, ENSINK K, et al. Emotional understanding, aggression, and social functioning among preschoolers[J]. American journal of orthopsychiatry, 2020, 90(1): 9.

[192] LIU J. Childhood externalizing behavior: Theory and implications[J]. Journal of child and adolescent psychiatric nursing, 2004, 17(3): 93 - 103.

[193] LUNKENHEIMER E, HAMBY C M, LOBO F M, et al. The role of dynamic,

dyadic parent – child processes in parental socialization of emotion[J]. Developmental psychology, 2020, 56(3): 566.

[194] MALLOY H L, MEMURRAY P. Conflict strategies and resolutions peer conflict in an integrated early childhood classroom[J]. Early childhood research quarterly, 1996, 11(2): 185 – 206.

[195] MARION R, UHL-BIEN M. Complexity and strategic leadership[M]//Being there even when you are not(Vol 4). Emerald Group Publishing Limited, 2007: 273 - 287.

[196] MARKS J, SCHNEIDER S, VOIGT B. Future-oriented cognition: links to mental health problems and mental wellbeing in preschool-aged and primary-school-aged children[J]. Frontiers in psychology, 2023, 14: 1211986.

[197] MARSH H W, ELLIS L A, Craven R G. How do preschool children feel about themselves? Unraveling measurement and multidimensional self-concept structure [J]. Developmnental psychology, 2002, 38(3): 376 – 393.

[198] MARSH H W. Self-concept theory, measurement and research into practice: The role of self-concept in educational psychology[M]. Leicester: British Psychological Society, 2005.

[199] MASTEN A, MORRISON P, PELLIGRINI D A. A revised class play method of peer assessment[J]. Developmental psychology, 1985, 21: 523 – 533.

[200] MAYER J D, SALOVEY P. Emotional development and emotional intelligence: Implications for educators[M]. New York: Basie Books, 1997.

[201] MAYEUX L, CILLESSEN A H N. Development of social problem solving in early childhood: Stability, change, and associations with social competence[J]. Jourual of genetic psychology, 2003, 164(2): 153 – 173.

[202] MCCLELLAND M L M, CAMERON C E, CONNOR C M, et al. Links between behavioral regulation and preschoolers' literacy, vocabulary, and math skills[J]. Developmental psychology, 2007, 43(4): 947 – 959.

[203] MCELWAIN N L, HALBERSTADT A G, VOLLING B L. Mother- and father reported reactions to children's negative emotions: Relations to young children's emotional understanding and friendship quality[J]. Child development, 2007, 78 (5): 1407 – 1425.

[204] MCKOWN C. Challenges and opportunities in the applied assessment of student social and emotional learning[J]. Educational psychologist, 2019, 54(3): 205 – 221.

[205] MCLEOD B D, WEISZ J R, WOOD J J. Examining the association between parenting and childhood anxiety: A meta-analysis[J]. Clinical psychology review, 2007, 27(8): 155 – 172.

[206] MEICHENBAUM D, BUTLER L, GRUSON L. Toward a conceptual model of

social competence[M]//Wine J D, Smye M D. Social competence. NewYork: Guilford Press, 1981: 36 - 61.

[207] MELOY B, GARDNER M, DARLING-HAMMOND L. Untangling the evidence on preschool effectiveness[J]. Learning policy institute, Palo Alto: 2019.

[208] MENEELEY J T. An evaluation of the Second Step Social Emotional Learning program in a public charter elementary school [ProQuest Information & Learning]// Dissertation abstracts international section A: Humanities and social sciences, 2018, 78(7 - A(E)).

[209] MORRIS A S, SILK J S, MORRIS M D, et al. The influence of mother-child emotion regulation strategies on children's expression of anger and sadness[J]. Developmental psychology, 2011, 47(1): 213 - 225.

[210] NG S C, BULL R. Facilitating social emotional learning in kindergarten classrooms: Situational factors and teachers' strategies[J]. International journal of early childhood, 2018, 50(3): 335 - 352.

[211] OCAK S. The effects of child-teacher relationships on interpersonal problem solving skills of children[J]. Infants & young children, 2010, 23(4): 312 - 322.

[212] OLIVEIRA S, ROBERTO M S, VEIGA-SIMÃO A M, et al. A meta-analysis of the impact of social and emotional learning interventions on teachers' burnout symptoms[J]. Educational psychology review, 2021, 33(4): 1779 - 1808.

[213] ORTAN F, SIMUT C, SIMUT R. Self-efficacy, job satisfaction and teacher well-being in the K - 12 educational system[J]. International journal of environmental research and public health, 2021, 18(23): 12763.

[214] PACE A, ALPER R, BURCHINAL M R, et al. Measuring success: Within and cross-domain predictors of academic and social trajectories in elementary school[J]. Early childhood research quarterly, 2019, 46: 112 - 125.

[215] PANAYIOTOU M, HUMPHREY N, WIGELSWORTH M. An empirical basis for linking social and emotional learning to academic performance[J]. Contemporary educational psychology, 2019, 56: 193 - 204.

[216] PARKE R D, BURIEL R. Socialization in the family: Ethnic and ecological perspectives[M]//Eisenberg N, Damon W. Handbook of child psychology: Social, emotional, and personality development. New York: Wiley, 1998.

[217] PARKER J G, ASHER S R. Friendship and friendship quality in middle childhood: Links with peer group acceptance and feelings of loneliness and social dissatisfaction [J]. Developmental psychology, 1993, 29: 611 - 621.

[218] PINTO A, VERÍSSIMO M, GATINHO A, SANTOS A J, et al. Direct and indirect relations between parent-child attachments, peer acceptance, and self-esteem for preschool children[J]. Attachment & human development, 2015, 17

(6)：586 - 598.

[219] RABINER D，COIE J D，Conduct Problems Prevention Research Group. Early attention problems and children's reading achievement：A longitudinal investigation [J]. Journal of the american academy of child & adolescent psychiatry，2000，39 (7)：859 - 867.

[220] RANSFORD C R，GREENBERG M T，DOMITROVICH C E，et al. The role of teachers' psychological experiences and perceptions of curriculum supports on the implementation of a social and emotional learning curriculum[J]. School psychology review，2009，38(4)：510 - 532.

[221] RAVER C C，KNITZER J. Ready to enter：What research tells policymakers about strategies to promote social and emotional school readiness among three and four year-old children[J]. Promoting the emotional well-being of children and families policy paper，2002.

[222] ROBSON D A，ALLEN M S，HOWARD S J. Self-regulation in childhood as a predictor of future outcomes：A meta-analytic review[J]. Psychological bulletin，2020，146(4)：324.

[223] ROBSON D A，ALLEN M S，Howard S J. Self-regulation in childhood as a predictor of future outcomes：A meta-analytic review[J]. Psychological bulletin，2020，146(4)：324.

[224] ROONEY E F，POE E，DRESCHER D，et al. I can problem solve：An interpersonal cognitive problem-solving program[J]. Journal of school psychology，1993(2)：335 - 339.

[225] ROORDA D L，VERSCHUEREN K，VANCRAEYVELDT C，et al. Teacher-child relationships and behavioral adjustment：transactional links for preschool boys at risk[J]. Journal of school psychology，2014，52(5)：495 - 510.

[226] ROOSA M W，VAUGHAN L. A comparison of teenage and older mothers with preschool age children[J]. Family relations，1984：259 - 265.

[227] RUBIN K H，BUKOWSKI W，PARKER J G. Peer interactions，relationships，and groups[M]//Damon W，Lerner R M，Eisenberg N. Handbook of child psychology：Social，emo tional，and personality development(Vol 3). New York：Wiley，2006.

[228] RUBIN K H，BURGESS K B，DWYER K M，et al. Predicting preschoolers' externalizing behaviors from toddler temperament，conflict，and maternal negativity [J]. Deuelopmental psychology，2003，39(1)：164 - 176.

[229] SALOVIITA T，PAKARINEN E. Teacher burnout explained：Teacher-，student-，and organisation-level variables[J]. Teaching and teacher education，2021，97：103221.

[230] SANCASSIANI F，PINTUS E，HOLTE A，et al. Enhancing the emotional and

social skills of the youth to promote their wellbeing and positive development: a systematic review of universal school-based randomized controlled trials[J]. Clinical practice and epidemiology in mental health: CP & EMH, 2015, 11(Suppl 1 M2): 21.

[231] SCHOELER T, DUNCAN L, CECIL C M, et al. Quasi-experimental evidence on short-and long-term consequences of bullying victimization: A meta-analysis[J]. Psychological bulletin, 2018, 144(12): 1229.

[232] SINGH J. Use of second step as a universal social emotional learning curriculum with fourth grade students: Impact on teachers' perceptions of students internalizing risk index scores [ProQuest Information & Learning]//Dissertation abstracts international (Section A): Humanities and Social Stiences, 2021, 82(1-A).

[233] SKAALVIK E M, SKAALVIK S. Does school context, matter? Relations with teacher burnout and job satisfaction[J]. Teaching and teacher education, 2009, 25(3): 518-524.

[234] SKAALVIK E M, SKAALVIK S. Job demands and job resources as predictors of teacher motivation and well-being[J]. Social psychology of education, 2018, 21(5): 1251-1275.

[235] SLABY G, ROEDELL W, AREZZO D, et al. Early violence prevention: Tools for teachers of young children[J]. National association for the education of young children, 1995.

[236] SOUCIE K, SCOTT S A, PARTRIDGE T, et al. Meta-emotion and emotion socialization by mothers of preschoolers during storytelling tasks[J]. Journal of child and family studies, 2024, 33(5): 1618-1631.

[237] STEIN K, VEISSON M, ÕUN T, et al. Estonian preschool teachers' views on supporting children's school readiness[J]. Education 3-13, 2019, 47(8): 920-932.

[238] THOMPSON R A. Emotion regulation: a theme in search of definition [J]. Monographs of the society for research in child development, 1994, 59(2-3): 25-52.

[239] THOMPSON R A. The development of the person: Social understanding, relationships, conscience, self[M]//EISENBERG N, DAMON W, LEMNER R M. Handbook of child psychology(Vol 3). New York, NY: Wiley, 2006: 65-69.

[240] TOROPOVA A, MYRBERG E, JOHANSSON S. Teacher job satisfaction: the importance of school working conditions and teacher characteristics[J]. Educational review, 2021, 73(1): 71-97.

[241] UPSHUR C C, WENZ-GROSS M, RHOADS C, et al. A randomized efficacy trial of the second step early learning(SSEL)curriculum[J]. Grantee submission, 2019, 62: 145-159.

[242] VALIENTE C, LEMERY K, REISER M. Pathways to problem behaviors: Chaotic homes, parent and child effortful control, and parenting[J]. Social development, 2007, 16(2): 249 – 267.

[243] VAN GEEL M, GOEMANS A, ZWAANSWIJK W, et al. Does peer victimization predict low self-esteem, or does low self-esteem predict peer victimization? Meta-analyses on longitudinal studies[J]. Developmental review, 2018, 9: 31 – 40.

[244] VRIENS D, ACHTERBERGH J. Tools for Supporting Responsible Decision Making? [J]. Systems Research and Behavioral Science, 2015, 32(3): 312 – 329.

[245] WANG Y, LIU Y. The development of internalizing and externalizing problems in primary school: Contributions of executive function and social competence[J]. Child development, 2021, 92(3): 889 – 903.

[246] WHITE L J, ALEXANDER A, GREENFIELD D B. The relationship between executive functioning and language: Examining vocabulary, syntax, and language learning in preschoolers attending Head Start[J]. Journal of experimental child psychology, 2017, 164: 16 – 31.

[247] WILSON B C. The effectiveness of Promoting Alternative Thinking Strategies (PATHS) when used one time per week in therapeutic day treatment [ProQuest Information & Learning]//Dissertation abstracts international (Section B): The sciences and engineering, 2017, 77(8 – B(E)).

[248] YAU J, SMETANA J G. Conceptions of moral, social-conventional, and personal events among Chinese preschoolers in Hong Kong[J]. Child development, 2003, 74 (3): 647 – 658.

[249] ZAHAVI S, ASHER S R. Effect of verbal instructions on preschool children's aggressive behavior[J]. Journal of school psychology, 1978, 16(2): 146 – 153.

[250] ZEE M, KOOMEN H M. Teacher self-efficacy and its effects on classroom processes, student academic adjustment, and teacher well-being: A synthesis of 40 years of research[J]. Review of educational research, 2016, 86(4): 981 – 1015.

[251] ZHANG X, SUN J. The reciprocal relations between teachers' perceptions of children's behavior problems and teacher-child relationships in the first preschool year[J]. Journal of genetic psychology, 2011, 172(2): 176 – 198.

[252] ZIEGERT D L, KISTNER J A, CASTRO R, et al. Longitudinal study of young children's responses to challenging achievement situations[J]. Child development, 2001, 72(2): 609 – 624.

[253] ZIMMER-GEMBECK M J, RUDOLPH J, KERIN J, et al. Parent emotional regulation: A meta-analytic review of its association with parenting and child adjustment[J]. International journal of behavioral development, 2022, 46 (1): 63 – 82.

[254] ZINSSER K M，ZULAUF C A，DAS V N，et al. Utilizing social-emotional learning supports to address teacher stress and preschool expulsion[J]. Journal of applied developmental psychology，2019，61：33 - 42.